GLOBAL STANDARD

项目集管理标准
（第5版）

The Standard for
PROGRAM MANAGEMENT
Fifth Edition

[美] 项目管理协会（Project Management Institute） 著

電子工業出版社
Publishing House of Electronics Industry
北京·BEIJING

The Standard for Program Management, Fifth Edition

ISBN: 9781628258141 © 2024 Project Management Institute, Inc. All rights reserved.

《项目集管理标准（第 5 版）》© 2024 Project Management Institute, Inc. All rights reserved.

《项目集管理标准（第 5 版）》是 *The Standard for Program Management, Fifth Edition* 的翻译版，由 Project Management Institute, Inc.（PMI）授权电子工业出版社翻译、出版、发行。未经许可，严禁复印。

致读者

《项目集管理标准（第 5 版）》是 *The Standard for Program Management, Fifth Edition* 的翻译版。*The Standard for Program Management, Fifth Edition* 由 PMI 出版于美国并受美国以及国际上现行的版权法保护。电子工业出版社已得到 PMI 的授权在中国大陆出版发行《项目集管理标准（第 5 版）》。《项目集管理标准（第 5 版）》中的文字和图的局部或全部，严禁擅自复制。购买《项目集管理标准（第 5 版）》的读者被自动视为接受《项目集管理标准（第 5 版）》所包含的文、图、信息。PMI 不对《项目集管理标准（第 5 版）》的准确性进行担保。若使用《项目集管理标准（第 5 版）》的信息，读者自行承担此类使用的风险，PMI、电子工业出版社及其董事会、附属公司、继承人、雇员、代理人、代表等均不对此类使用行为造成的侵害进行赔偿。

Notice to Readers

This publication is a translation of the Chinese Language publication, *The Standard for Program Management, Fifth Edition*, which is published in the United States of America by the Project Management Institute, Inc. (PMI) and is protected by all applicable copyright laws in the United States and Internationally. This publication includes the text of *The Standard for Program Management, Fifth Edition* in its entirety, and Publishing House of Electronics Industry (PHEI), with the permission of PMI, has reproduced it. Any unauthorized reproduction of this material is strictly prohibited. All such information, content and related graphics, which are provided herein are being provided to the reader in an "as is" condition. Further, PMI makes no warranty, guarantee or representation, implied or expressed, as to the accuracy or content of the translation. Anyone using the information contained in this translation does so at his/her own risk and shall be deemed to indemnify PMI, or Publishing House of Electronics Industry (PHEI), their boards, affiliates, successors, employees, agents, representatives, and members from any and all injury of any kind arising from such use.

商标提示

"PMI"、PMI 的标志、"PMP"、"CAPM"、"PMBOK"、"OPM3" 和 Quarter Globe Design 是 PMI 的商标或注册商标，已在美国等国家注册。欲知更多有关 PMI 的商标，请联系 PMI 的法律部门。

Trademark Notice

"PMI", the PMI logo, "PMP", "CAPM", "PMBOK", "OPM3" and the Quarter Globe Design are marks or registered marks of the Project Management Institute, Inc. in the United States and other nations. For a comprehensive list of PMI marks, contact the PMI Legal Department.

图书在版编目（CIP）数据

项目集管理标准：第 5 版 / 美国项目管理协会著；林勇等译. -- 北京：电子工业出版社, 2025. 3.
ISBN 978-7-121-49760-5

Ⅰ. F224.5-65

中国国家版本馆 CIP 数据核字第 2025SF5377 号

责任编辑：卢小雷
印　　刷：中国电影出版社印刷厂
装　　订：中国电影出版社印刷厂
出版发行：电子工业出版社
　　　　　北京市海淀区万寿路 173 信箱　邮编 100036
开　　本：880×1230　1/16　印张：16.25　字数：369 千字
版　　次：2008 年 3 月第 1 版
　　　　　2025 年 3 月第 5 版
印　　次：2025 年 3 月第 1 次印刷
定　　价：128.00 元

凡所购买电子工业出版社图书有缺损问题，请向购买书店调换。若书店售缺，请与本社发行部联系，联系及邮购电话：(010) 88254888, 88258888。
质量投诉请发邮件至 zlts@phei.com.cn，盗版侵权举报请发邮件至 dbqq@phei.com.cn。
本书咨询联系方式：(010) 88254199, sjb@phei.com.cn。

声明

作为项目管理协会（PMI）的标准和指南，本指南是通过相关人员的自愿参与和共同协商而开发的。其开发过程汇集了一批志愿者，并广泛收集了对本指南内容感兴趣的人士的观点。PMI 管理该开发过程并制定规则以促进协商的公平性，但并没有直接参与写作，也没有独立测试、评估或核实本指南所含任何信息的准确性、完整性或本指南所含任何判断的有效性。

因本指南或对本指南的应用或依赖而直接或间接造成的任何人身伤害、财产或其他损失，PMI 不承担任何责任，无论特殊、间接、因果还是补偿性的责任。PMI 不明示或暗示地保证或担保本指南所含信息的准确性与完整性，也不保证本指南所含信息能满足你的特殊目的或需要。PMI 不为任何使用本标准或指南的制造商或供应商的产品或服务提供担保。

PMI 出版和发行本指南，既不代表向任何个人或团体提供专业或其他服务，也不为任何个人或团体履行对他人的任何义务。在处理任何具体情况时，本指南的使用者都应依据自身的独立判断，或在必要时向资深专业人士寻求建议。与本指南议题相关的信息或标准亦可从其他途径获得。

读者可以从这些途径获取本指南未包含的观点或信息。PMI 无权也不会监督或强迫他人遵循本指南的内容，不会为安全或健康原因对产品、设计或安装进行认证、测试或检查。本指南中关于符合健康或安全要求的任何证明或声明，都不是 PMI 做出的，而应由认证者或声明者承担全部责任。

译者序

在本书出版之际，以《项目集管理标准》为基础开发的项目集管理专业人士认证（PgMP®）在全球范围内已取得了令人瞩目的成绩。

作为《项目集管理标准》的最新版，本书在第 4 版的基础上新增了"合作"绩效域，形成了 6 个项目集管理绩效域。同时，本书还明确提出了项目集管理的 8 项原则，并将相关的工具和技术、实例等精心编排于附录之中。这一更新旨在全方位适配各类组织、方法论及项目集管理实践的需求，以确保项目集管理标准的普适性与前瞻性。

本书深刻阐述了项目集和项目如何协同助力组织战略目标实现的内在逻辑与策略，是对《项目管理知识体系指南》(简称《PMBOK®指南》)的深化与拓展。放眼国际，我们就不难理解这一特性正是众多全球顶尖企业，包括众多世界 500 强企业，积极鼓励其中层管理者及项目管理精英深入学习并取得 PgMP®认证的关键驱动力之一。聚焦国内，我们也感叹 PgMP®考量正稳步提升。因为，PgMP®的定位是通过提升高级项目经理在日益复杂的项目管理环境中驾驭战略项目和项目集的能力，来更加有效地驱动组织战略的落地。

在此，我建议渴望取得 PgMP®认证的同仁，不仅要把握项目集管理绩效域的内在逻辑，还要将目光投向最新推出的 PgMP®考试内容大纲（ECO）和考试指南，这是既能掌握知识又能取得 PgMP®证书的有效方法。

在翻译过程中，确保既"忠实"于原文又"优雅"地传达其精髓，无疑是一大挑战。这一挑战的核心在于我们必须精准理解原文的英文表述，并以最贴切、最准确的中文来再现其含义。同时，翻译不仅考验我们的语言功底，还促使我们不断深入学习、反复推敲，力求完美呈现其精髓。

在此，特别就三个关键术语的翻译阐述其背后的原因和逻辑。这些解读旨在呈现我们如何在尊重原文并结合中文语境和文化背景的基础上，做出既符合专业规范又易于理解的翻译决策。

◆ 业务论证（Business Case）。"Business Case"这一术语虽不是项目管理领域的专属，却承载着变革价值评估的深远意义。本质上，它是对是否值得变革的论证（考虑经济性和合理性）。作为变革的一种特殊形式，项目/项目集的启动与否同样依托"Business Case"的严谨分析。值得注意的是，随着理论与实践的发展，"Business Case"的内涵已远远超出"商业论证"的单一维度，逐渐演化为包含战略论证（Strategic Case）、经济论证（Economic Case）、财务论证（Financial Case）、商业论证（Commercial Case）和管理论证（Management Case）等多维度的综合性评估体系。

在《PMBOK®指南》引入中国之初，将"Business Case"译为"商业论证"有其时代合理性，但时至今日，这一译法已难以全面覆盖其丰富多元的内涵。因此，有必要正本清源，将其含义界定为"业务论证"，以更准确地反映其跨领域、多维度的特性。

具体而言，业务论证（Business Case）不仅涵盖商业层面的考量，还深入战略、经济、财务、市场及管理等多个维度，为决策者提供全面、深入的评估依据，从而做出有依据且明智的决策。这一转变不仅体现翻译工作的与时俱进，还促进项目管理理论与实践的深度融合。

◆ 干系人（Stakeholder）。在西方文化中，"Stakeholder"指"与某一事项或实体存在利益关系的人或组织"。当《PMBOK®指南》引入中国时，翻译团队巧妙地将其译为"干系人"，使这一译法在项目管理领域得到了广泛应用。但值得注意的是，"Stakeholder"一词在其他众多行业中亦频繁出现，其普遍认可的中文译法为"利益相关者"。

为了与国内外主流行业术语保持一致，我们曾提议恢复"Stakeholder"的正统中文含义。然而，经过与PMI（中国）的深入交流与探讨，还考虑到需要对众多的标准和指南进行修订，因此，作为折中，我们保留了"干系人"的译法，以体现项目管理的特有属性。

不过，从术语的精准性与文化适应性来看，将"利益相关者"作为"Stakeholder"的译法更适合，更能与富有内涵的中文释义相对应，也更能为读者在阅读项目管理体系的标准和指南时提供更贴切的语境。

◆ 干系人争取（Stakeholder Engagement）。"Engage"一词的含义丰富，涵盖了争取、约定、吸引、订婚、建立紧密关系及参与等多重含义。我们需要明确，《PMBOK®指南》《项目集管理标准》《项目组合管理标准》关注的是项目经理/项目集经理/项目组合经理的职责与行动，而不是干系人。因此，将"Stakeholder Engagement"直接译为"干系人参与"，虽字面无误，但未能准确反映标准的关注点。

在2014年以前，项目管理的理论专注于项目经理/项目集经理/项目组合经理如何"管理"干系人，但全球项目管理从业者认为，项目经理/项目集经理/项目组合经理不能也很难管理干系人，应该争取干系人（engage stakeholder），即吸引干系人并与干系人建立密切关系。因此，PMI将干系人管理（Stakeholder Management）修改为干系人争取（Stakeholder Engagement），以便与从业者总结的理论和实践保持一致。

强调"Engage"一词的译法，是因为干系人常视项目/项目集为变革，而变革通常会面临来自干系人的阻力或拒绝，因此，项目经理/项目集经理必须把干系人争取过来，争取他们对项目/项目集的支持。值得注意的是，市面上还有针对"Stakeholder Engagement"的认证考试，旨在评估项目经理/项目集经理/项目组合经理在有效争取干系人支持、建立积极关系方面的能力。这一认证的存在，也印证了"干系人争取"作为项目管理核心要素的重要性。

需要说明的是，鉴于将"Stakeholder Engagement"的译法修改成"干系人争取"涉及的范围较广，因此，在描述绩效域时，本标准仍保留"干系人参与"的译法，而在正文中，我们将其表述为项目集经理通过自己的行动将干系人争取过来。

在此，特别感谢张智喨先生翻译了战略一致和收益管理绩效域，张哩宾先生翻译了干系人参与、治理框架和合作绩效域，陈万茹女士翻译了生命周期管理绩效域，许静女士翻译了附录X1和附录X2。另外，张哩宾先生和我还对所有译文进行了交叉审核和修改。同时，还要特别感谢朱晓星先生、刘应瑾先生、姜鹏先生和妮莎女士，他们为本书的译文优化给出了重要且宝贵的意见。还要感谢电子工业出版社的卢小雷先生，他从不同的视角提醒我们需要关注的问题，督促我们将翻译的质量提升到新的高度。

我们深信，只有精准把握本书的核心理念，才能确保其价值得以充分释放。庆幸的是，这一目标已在翻译和审校团队的共同努力下得以实现。这归功于参加翻译与审校的每位同行，他们凭借在项目、项目集和项目组合管理方面的深厚学术功底及丰富的实践经验，历经六轮严格且细致的交叉审核与审校，确保了译文的准确性和权威性。

最后，还想强调的是，翻译的目的是帮助读者精准理解项目集管理的核心概念，并将其有效地运用到各行业的实践中。我们坚信，本书的优质翻译将有效促进PgMP®认证在中国的推广和普及。

林勇

PMP、PgMP、PfMP、CBAP、CB-PMO、LAS-P、COBIT、TOGAF、CPRE、DGSP

2024年8月于北京

目录

第1章 引论 1

    1.1 项目集管理标准的目的 3

    1.2 什么是项目集 5

        1.2.1 项目集的启动 10

        1.2.2 项目组合、项目集、运营和项目之间的关系 11

    1.3 什么是项目集管理 14

    1.4 组织战略、项目集管理、项目组合管理和运营管理之间的关系 16

    1.5 组织业务价值 17

    1.6 项目集经理的角色 18

        1.6.1 项目集经理胜任力 21

    1.7 项目集发起人的角色 25

    1.8 项目集管理办公室的角色 26

    1.9 项目集与项目的区别 28

        1.9.1 不确定性 28

        1.9.2 管理变更 30

        1.9.3 复杂性 31

    1.10 项目组合与项目集的区别 34

第2章 项目集管理原则 37

    2.1 干系人 41

    2.2 收益实现 43

    2.3 协同 46

    2.4 团队的团队 49

    2.5 变更 51

- 2.6 领导力 54
- 2.7 风险 58
- 2.8 治理 60

第3章 项目集管理绩效域 63

- 3.1 项目集管理绩效域的定义 65
- 3.2 项目集管理绩效域的交互 66
- 3.3 战略一致 67
  - 3.3.1 项目集业务论证 69
  - 3.3.2 项目集章程 70
  - 3.3.3 项目集管理计划 72
  - 3.3.4 环境评估 74
  - 3.3.5 项目集风险管理策略 76
  - 3.3.6 与项目集管理原则和其他项目集管理绩效域的交互 79
- 3.4 收益管理 80
  - 3.4.1 收益识别 84
  - 3.4.2 收益分析和规划 85
  - 3.4.3 收益交付 89
  - 3.4.4 收益过渡 91
  - 3.4.5 收益维持 94
  - 3.4.6 与项目集管理原则和其他项目集管理绩效域的交互 96
- 3.5 干系人参与 97
  - 3.5.1 项目集干系人识别 100
  - 3.5.2 项目集干系人分析 103
  - 3.5.3 项目集干系人争取的规划 105
  - 3.5.4 项目集干系人争取 106
  - 3.5.5 项目集干系人沟通 107
  - 3.5.6 与项目集管理原则和其他项目集管理绩效域的交互 108
- 3.6 治理框架 109
  - 3.6.1 治理框架实践 111
  - 3.6.2 治理框架角色 118
  - 3.6.3 治理框架的设计和实施 126
  - 3.6.4 与项目集管理原则和其他项目集管理绩效域的交互 128

3.7	合作	129
	3.7.1 影响项目集成功的合作因素	131
	3.7.2 收益与规划价值交付之间的合作	135
	3.7.3 项目集组件与活动之间的合作	138
	3.7.4 与项目集管理原则和其他项目集管理绩效域的交互	139
3.8	生命周期管理	140
	3.8.1 项目集定义阶段	143
	3.8.2 项目集交付阶段	146
	3.8.3 项目集收尾阶段	148
	3.8.4 与项目集管理原则和其他项目集管理绩效域的交互	149

第4章	项目集活动	151
4.1	项目集整合管理	153
	4.1.1 项目集整合管理活动	154
	4.1.2 项目集生命周期与项目集活动的映射关系	154
4.2	项目集定义阶段的活动	156
	4.2.1 项目集构建活动	156
	4.2.2 项目集规划活动	158
4.3	项目集交付阶段的活动	160
	4.3.1 管理项目集交付	161
	4.3.2 管理项目集绩效	162
	4.3.3 维持收益和过渡项目集	162
	4.3.4 管理项目集变更	163
	4.3.5 管理项目集沟通	164
	4.3.6 管理项目集财务	165
	4.3.7 管理项目集信息	165
	4.3.8 管理项目集采购	166
	4.3.9 保证和控制项目集质量	167
	4.3.10 管理项目集资源	168
	4.3.11 管理项目集风险	169
	4.3.12 管理项目集进度	169
	4.3.13 管理项目集范围	170

4.4 项目集收尾阶段的活动 171
4.4.1 收尾项目集 172
4.4.2 收尾项目集财务 173
4.4.3 存档和过渡项目集信息 173
4.4.4 收尾项目集采购 174
4.4.5 过渡项目集资源 174
4.4.6 过渡项目集风险管理 175

附录 X1 项目集的活动、工具和技术 177
X1.1 制定项目集基础设施 177
X1.2 评估项目集变更 179
X1.3 评估项目集沟通 179
X1.4 评估项目集初始成本 180
X1.5 评估项目集信息管理 180
X1.6 评估项目集采购 181
X1.7 评估项目集质量 181
X1.8 估算项目集资源需求 182
X1.9 评估项目集初始风险 182
X1.10 评估项目集进度 183
X1.11 评估项目集范围 183
X1.12 规划项目集变更管理 184
X1.13 规划项目集沟通管理 184
X1.14 估算项目集成本 185
X1.15 建立项目集财务框架 186
X1.16 规划项目集财务管理 188
X1.17 规划项目集采购管理 189
X1.18 规划项目集质量管理 191
X1.19 规划项目集资源管理 193
X1.20 规划项目集风险管理 194
X1.21 规划项目集进度管理 195
X1.22 规划项目集范围管理 197
X1.23 汇报项目集 198
X1.24 编制项目集成本预算 198
X1.25 估算组件成本 199

附录 X2　《项目集管理标准》（第 5 版）的变化 201
　　X2.1　关于本附录 201
　　X2.2　目标 202
　　X2.3　方法 202
　　　　X2.3.1　格式和布局 202
　　　　X2.3.2　项目集管理内容 206
　　　　X2.3.3　建立在以前版本之上 206
　　X2.4　章节概述 206
　　　　X2.4.1　第 1 章 引论 208
　　　　X2.4.2　第 2 章 项目集管理原则 210
　　　　X2.4.3　第 3 章 项目集管理绩效域 210
　　　　X2.4.4　第 3.3 节 战略一致 212
　　　　X2.4.5　第 3.4 节 收益管理 213
　　　　X2.4.6　第 3.5 节 干系人参与 214
　　　　X2.4.7　第 3.6 节 治理框架 214
　　　　X2.4.8　第 3.7 节 合作 216
　　　　X2.4.9　第 3.8 节 生命周期管理 217
　　　　X2.4.10　第 4 章 项目集活动 218
　　　　X2.4.11　附录 X1 220

附录 X3　《项目集管理标准》（第 5 版）的贡献者和审阅者 223
　　X3.1　贡献者 223
　　X3.2　工作人员 228
　　X3.3　《项目集管理标准》（第 5 版）中文版翻译贡献者 228

参考文献 231

术语表（英文排序） 233

术语表（中文排序） 241

图表目录

图 1-1　有代表性的项目集生命周期 8

图 1-2　价值交付系统（示例）的组件 12

图 1-3　在价值交付系统中的信息流示例 13

图 2-1　项目集管理原则和项目集管理绩效域之间的关系 38

图 2-2　项目组合管理原则、项目集管理原则和项目管理原则的重叠 39

图 2-3　干系人原则 41

图 2-4　收益实现原则 43

图 2-5　协同原则 46

图 2-6　团队的团队原则 49

图 2-7　变更原则 51

图 2-8　领导力原则 54

图 2-9　风险原则 58

图 2-10　治理原则 60

图 3-1　项目集管理绩效域 64

图 3-2　战略一致绩效域的要素 68

图 3-3　项目集路线图示例 73

图 3-4　项目集生命周期与收益管理 83

图 3-5　通用的跨项目集生命周期的成本和收益概况示例 87

图 3-6　项目集干系人环境 98

图 3-7　干系人权力/兴趣方格示例 104

图 3-8	项目集的治理关系	110
图 3-9	项目集层面的合作	130
图 3-10	项目组合管理的组织背景及其在促进合作文化中的角色	136
图 3-11	项目集生命周期阶段	142
图 4-1	项目集构建活动的交互	157
图 4-2	项目集规划活动的交互	159
图 4-3	项目集交付活动的交互	160
图 4-4	项目集收尾活动的交互	171

表 1-1	项目和项目集中的复杂性对比	33
表 1-2	项目组合和项目集管理的相关性和时间差异	35
表 3-1	干系人登记册示例	100
表 4-1	项目集管理生命周期阶段与核心和支持性活动的映射关系	155
表 X2-1	第 5 版的高阶变化	205
表 X2-2	第 5 版框架的概述	207
表 X2-3	第 1 章（第 5 版）	209
表 X2-4	第 2 章（第 5 版）	210
表 X2-5	第 3 章（第 5 版）	211
表 X2-6	第 3.3 节（第 5 版）	212
表 X2-7	第 3.4 节（第 5 版）	213
表 X2-8	第 3.5 节（第 5 版）	214
表 X2-9	第 3.6 节（第 5 版）	215
表 X2-10	第 3.7 节（第 5 版）	216
表 X2-11	第 3.8 节（第 5 版）	217
表 X2-12	第 4 章（第 5 版）	219
表 X2-13	附录 X1（第 5 版）	221

第 1 章

引论

《项目集管理标准》(第 5 版)确定了项目集管理原则和绩效域,并就项目集管理原则,为从事或参与项目集的组织、专业人员和干系人的行为和行动提供指导。该标准提供了项目集和项目集管理的公认定义,以及对其成功至关重要的概念:项目集管理原则、绩效域、项目集生命周期、实践以及支持活动和工具。《项目集管理标准》(第 5 版)扩展并澄清了前几版中提出的概念。它符合项目管理协会(PMI)的核心基础标准和指导文件并对其进行了补充,包括《项目管理知识体系指南》(PMBOK® 指南)和《项目管理标准》[1]、《过程组:实践指南》[2]、《项目组合管理标准》[3]、《挣值管理标准》[4]、《组织级项目管理标准》[5]、《项目组合、项目集和项目风险管理标准》[6]、《PMI 项目管理术语词典》[7]、《项目组合、项目集和项目治理:实践指南》[8]、《PMI 商业分析指南》[9] 和《效益实现管理:实践指南》[10]。

本章定义并解释了与标准范围相关的术语，并介绍了以下内容。它包括以下主要部分：

1.1 项目集管理标准的目的

1.2 什么是项目集

1.3 什么是项目集管理

1.4 组织战略、项目集管理、项目组合管理与运营管理之间的关系

1.5 组织业务价值

1.6 项目集经理的角色

1.7 项目集发起人的角色

1.8 项目集管理办公室的角色

1.9 项目集与项目的区别

1.10 项目组合与项目集的区别

1.1 项目集管理标准的目的

《项目集管理标准》为项目集管理的原则、实践、角色和活动提供了指导，这些原则、实践和活动通常被公认为可用于支持良好的项目集管理实践，并在大多数情况下适用于大多数项目集。

- "项目集管理原则"代表基本规范、真理或价值观。项目集管理原则为参与项目集的人员（他们影响和塑造了绩效域）的行为和行动提供了指导，以实现预期收益。

- "普遍公认"意味着制定本标准的专家普遍认为，所描述的原则、知识和实践是有价值的和有用的。

- "良好实践"是指，人们普遍认为，应用本标准中概述的原则、知识和实践将改善项目集管理，并增加项目集成功的机会，这是通过收益的交付和实现的程度及有效性来衡量的。良好实践并不意味着要将标准的所有规定应用于每个项目集，因为不存在万能的做法。组织的领导者、项目集经理、项目集团队、价值和收益实现管理办公室以及项目集管理办公室（如果有）负责根据项目集及其发起组织的独特或特定要求，来确定什么最适合给定的项目集。

《项目集管理标准》还旨在提供对项目集经理这一角色的一般理解，尤其是在与以下人员互动时：

- 项目组合经理（该项目组合包括特定项目集或其组件）；
- 项目经理（该项目或组件属于特定项目集）；
- 项目集指导委员会（可能由向项目集提供现金或实物捐助的技术合作伙伴或共同发起人组成），为项目集经理、项目集咨询委员会、监管委员会或项目集治理委员会提供专业的输入；
- 项目组合、项目集或项目管理办公室；
- 项目组合、项目集或项目团队成员（从事该项目集或其他附属项目集）；
- 项目集受益者；
- 职能管理人员/小组和其他主题专家（SME）；
- 业务分析从业者；
- 负责日常组织管理的经理（他们可能是项目集的成员）；
- 高管层的技术领导者，包括首席产品负责人、首席产品经理、战略和架构领导者、企业风险管理领导者、组织变革管理领导者等；
- 战略工作人员；
- 首席产品负责人和首席架构负责人；
- 其他项目集经理（他们是单个项目集中附属项目集的成员）；
- 其他干系人或干系人群体（如组织高管、运营管理层、合作伙伴、产品所有者和经理、客户、供应商、分包商、领导者、捐助者、最终用户、监管机构、政治团体、企业所有者、史诗所有者、企业架构师、产品经理、系统架构师），他们可能影响该项目集或受到该项目集的影响。

在应用《项目集管理标准》时，应遵从《PMI 道德与职业行为规范》[11]，该规范规定了项目集管理人员在开展工作时应在以下方面恪守原则：职责、责任、尊重、公平和诚实。《PMI 道德与职业行为规范》要求从业者表现出对道德和职业行为的承诺，并承担遵守法律、法规以及组织和职业政策的义务。

1.2 什么是项目集

项目集由一系列以协调方式管理的相关项目、附属项目集和项目集活动构成，以获得单独管理它们无法获得的收益。项目集的组件通过追求有助于交付收益的互补目标而相互关联。

管理项目集组件可以提高交付的收益。它通过确保项目集组件的策略和工作计划来对组件的成果或发起组织的方向或战略的变化做出响应，并进行主动调整来实现这一点。项目集的实施主要是为了向其目标干系人、发起组织或发起组织的成员提供收益。例如，项目集通过增强组织当前的能力、实施变革、创建或维护资产、提供新产品和服务、发现新的机会来创造或保持价值，最大限度地减少公司损失或声誉损害，考虑相互关联的风险管理方法，或者以最低的风险进入/退出市场，从而交付收益。就政府而言，项目集既可以向受益人提供服务，也可以强制履行义务。这些收益作为成果提供给发起组织，为组织和项目集的预期受益人、目标公众或干系人提供价值。

项目集主要通过用来产生输出和成果的组件来实现其预期收益。项目集的执行时间通常比项目长——并非总是如此，而且它们的成果可能跨越多个阶段、周期和组织。因此，项目集管理需要一种整体和系统的方法、治理活动以及长期的视角。

那些组件项目、附属项目集或不推进共同或互补目标的项目集，如果不共同为实现共同收益做出贡献，并且仅因共同的支持来源、技术或干系人而相关联，通常作为项目组合而不是项目集进行管理会更好（见《项目组合管理标准》[3]）。需要澄清的是，项目集的概念并不总是与工作的规模有关，而是取决于其组件之间的关系类型以及项目关系的整合所提供的项目集收益。

以下是项目集组件及其定义的列表：

◆ 组件是为支持某个项目集而进行的项目、附属项目集或其他相关活动。

◆ 项目是为创造独特的产品、服务或结果而进行的临时工作，如《项目管理知识体系指南》（《PMBOK®指南》）[1]所述。项目用于在预算、时间、范围、风险、资源和质量等既定约束条件下，产生项目集和/或项目组合所需的成果，为组织创造价值。

◆ 附属项目集是为实现对主要项目集重要的目标及收益而发起和实施的项目集。例如，开发新型电动汽车的项目集可能发起与开发新电机、电池和充电站技术相关的其他附属项目集。应按照本标准中的描述来管理每个附属项目集，并将其作为主要项目集的组件进行监测和管理。

◆ 其他项目集相关的活动是为支持项目集而进行的工作流程或活动，但与项目集发起的或进行的附属项目集或项目没有直接联系。项目集发起的过程和活动的示例可能包括与培训、规划、项目集层面的控制、报告、会计、审计、干系人争取和行政相关的过程和行动。可以将与项目集组件直接相关的运营活动或维护功能视为其他项目集相关的活动或运营工作的一部分。例如，项目集通常包括创建电动汽车装配线的项目。一旦装配线被建成，运行它就属于运营范围，而不是在已定义的时间框架内运行的项目集。

在项目集管理的语境中，应将活动这一术语理解为项目集活动。项目集活动是为支持项目集而进行的活动，不是在项目集组件中进行的活动。应遵循其他项目集相关的活动、需要、结构、管理和良好实践，以建立正确的治理结构，避免给项目集经理带来额外负担。

提供项目集收益的最佳机制在最初可能是模糊的或不确定的。项目集的组件提供的成果有助于交付项目集的预期收益，并在必要时完善项目集及其组件的策略。

项目集的主要目的是实现组织的战略，以交付有形/无形和短期/长期的收益和价值。因此，将举措作为项目集来管理的价值在于，项目集经理在对齐和调整战略方面具有良好的准备度，能够优化向组织交付的收益。由于项目集可能需要适应其组件的成果，并可能需要修改其策略或计划，可能会以增量、迭代和非顺序的方式执行项目集组件。

图 1-1 所示的项目集生命周期说明了项目集生命周期阶段的非顺序性本质。在整个项目集的执行期间都可以识别项目集收益。在第 3.8 节，将对项目集生命周期进行更详细的讨论。

组织范围的流程改进项目集是一个以渐进方式交付收益的项目集示例。这类项目集的目的可能是实施组件项目，以整合特定流程（如财务控制流程、库存管理流程、招聘流程、绩效评估流程）和附属项目集并对其标准化，从而确保整合的收益得到充分实现（例如，确保采用改进的流程，或者衡量员工对新流程的满意度和绩效）。这些组件中的每一个在完成后都可能带来增量收益。另一个逐步提供收益的项目集是基础设施开发项目集（如道路、供水），因为一旦项目完成并开始交付收益，就会使用项目的成果。

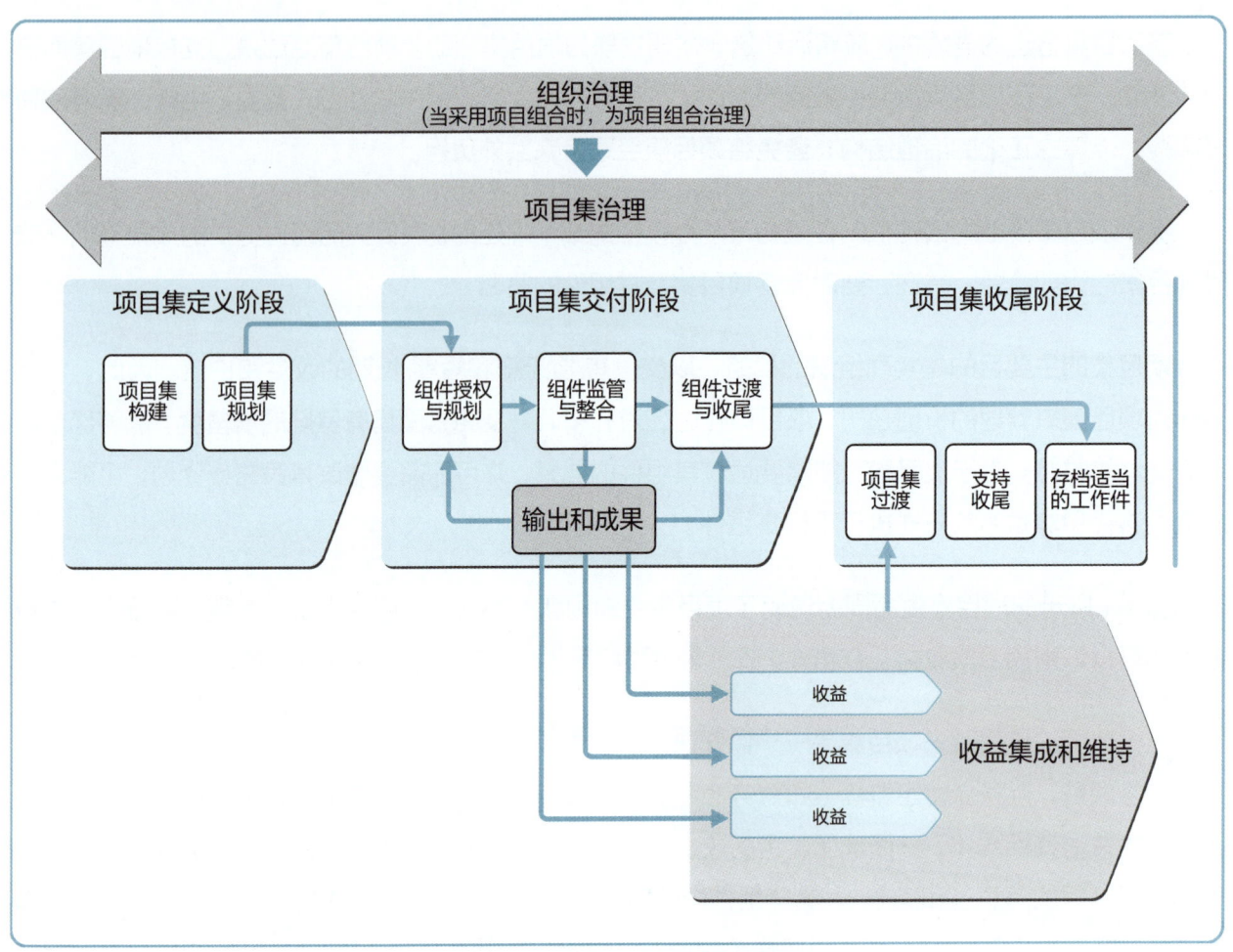

图 1-1　有代表性的项目集生命周期

组件的输出或成果可能触发新项目的启动，以进一步改进和优化现有流程，或者修改/终止当前项目，这可能提高现有项目或整个项目集的绩效，从而改进流程，提升干系人满意度和绩效。然而，在业务改进所需的所有项目和附属项目集实现其预期的项目集收益前，不会视该项目集已完成。重要的是，要记住，新的改进项目与项目集目标相关。此外，由于业务周期的改进是持续进行的（无论发生何种变化），因此必须考虑成功的项目集目标与新项目之间的联系。收益应该是可度量的，并与项目、项目组合或战略的成果相关联。

或者，将项目集作为可以同时交付预期收益的统一整体。在这种情况下，直到项目集完成，项目集的收益才得以实现。可以将药物开发项目集视为具有统一收益交付的项目集，在整个药物开发项目集成功完成、其产品经过测试和批准、患者接受治疗以及组织从其生产中实现收益前，该项目集的各个组件不会交付收益。项目集经理和运营团队之间的工作关系对这一过程至关重要，这可以确保监测、移交（适当的）、收益实现和项目集的可持续性。

1.2.1 项目集的启动

通常以两种方式启动或识别项目集：自上而下的方法或自下而上的方法。

◆ **自上而下的方法**。为追求新的目标、任务或战略而启动的项目集在其组件项目和项目集开始工作前就已经开始。这些项目集的启动通常是为了支持战略目标和任务，并与之保持一致；它们使组织能够追求其愿景和使命。此类项目集的示例包括作为组织战略规划过程的一部分启动的项目集（例如，基于项目组合决策的一部分，开发新产品、服务/结果，或者拓展新市场），此类项目集能影响人类行为（例如，提高对期望行为的认识或确保遵守新法规），或者应对危机（例如，提供救灾服务或管理公共卫生问题）。这些项目集通常从一开始就得到项目集活动的支持。项目集在现有的项目组合中启动。在没有项目组合的情况下，项目集可能继承项目组合的一些特征，管理项目集的经理的角色和职责也会得到相应的修改。要了解更多信息，见第1.9节或参考《项目组合管理标准》[3]。

◆ **自下而上的方法**。当组织认识到其正在进行的活动（可能与项目、项目集和/或其他工作相关）因追求共同成果、能力、目标或收益而相互关联/相互依存时，就可以形成项目集（例如，由以前独立的软件开发行动支持的过程改进项目集，或由建设公共公园、开发交通控制项目和建立社区外展项目集支持的社区振兴项目集）。当组织确定通过将正在进行的举措作为单一的项目集来管理，就可以更有效地实现组织收益时，就可以形成项目集。此类项目集在其部分或全部项目启动后由项目集活动提供支持。

也可以出于以下原因启动项目集：对社会产生积极影响（例如，促进可持续发展，支持社区发展，支持恢复活动，提高公共卫生水平或改善公共基础设施，如供水、卫生、道路）；鼓励和支持创新（无论是通过研发、发布新产品还是探索新技术）；帮助组织适应数字时代（无论是通过采用新技术，开发新的数字产品和服务，还是使现有流程现代化）。

新启动或新确定的项目集都应根据本标准后续章节中描述的原则（见第 2 节）和生命周期管理指南（见第 3.8 节）进行管理。例如，对于一些项目集（项目集内的项目和其他项目集可能已经启动），项目集经理有责任确保与项目集定义相关的重要活动已经完成。

1.2.2 项目组合、项目集、运营和项目之间的关系

项目组合、项目集和项目之间的关系如下：

- ◆ 项目组合将项目、项目集、子项目组合和运营按照群组方式进行管理以实现组织战略目标。

- ◆ 项目集由一组相关项目、附属项目集和项目集活动组成，以协调的方式进行管理，以获得单独管理它们无法获得的收益和成果。项目集通常是项目组合中的常见元素，旨在为组织的战略目标提供重要的收益和价值。

- ◆ 项目，无论是独立管理的，还是作为项目集或项目组合的一部分，都是为了创造独特的产品、服务或结果，为组织带来价值而进行的工作。

项目集和项目可能是组织项目组合结构的重要组成部分，其目的是产生所需的成果，以创造所需的收益并支持组织的战略目标。如果发起人的战略或组织优先级发生变化，可能改变或终止这些项目和项目集。

图 1-2 展示了项目组合、项目集和项目如何融入价值交付系统（示例）。它说明了如何在项目组合结构下放置各种组件。

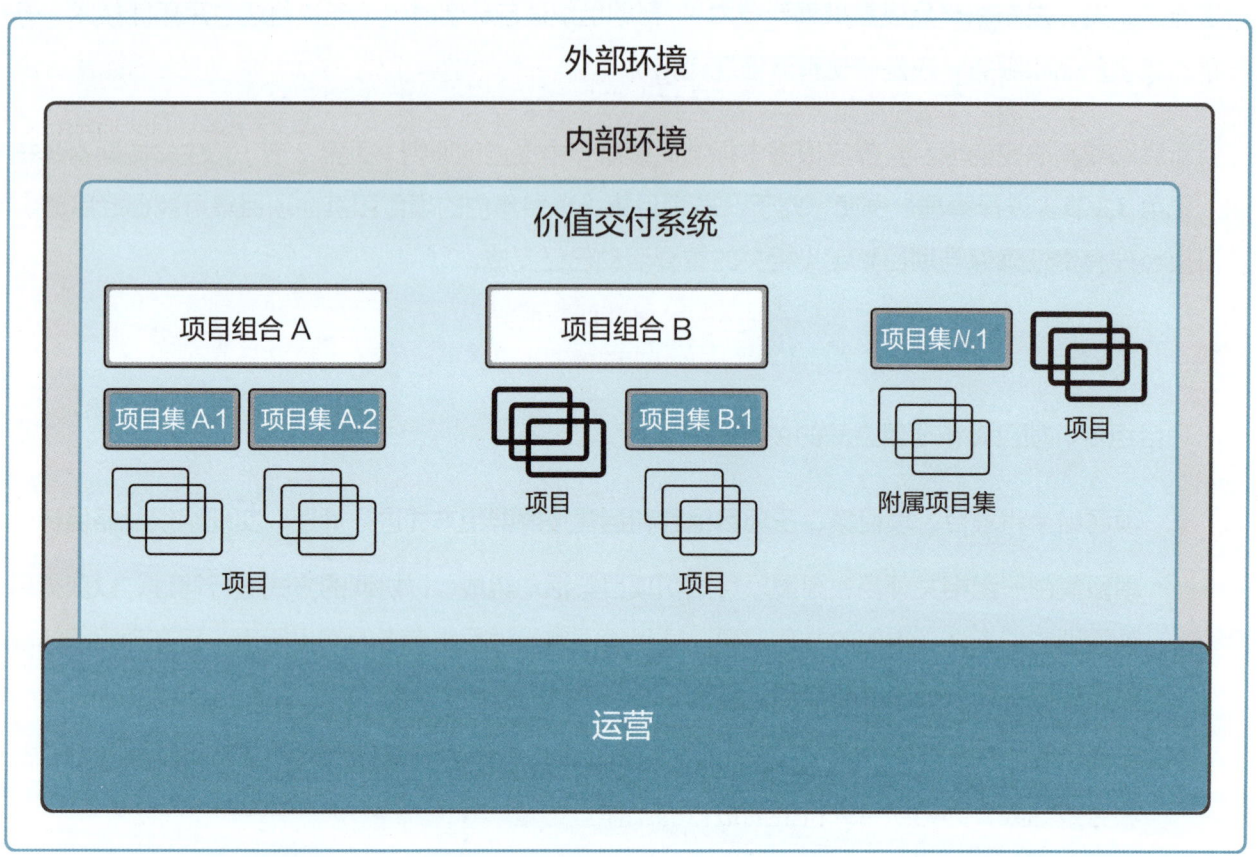

图 1-2　价值交付系统（示例）的组件

可以单独使用各个组件，也可以一起使用各个组件，以创造收益和价值。通过协作，这些组件构成了与组织战略相一致的交付系统。图1-2给出了价值交付系统的示例，该系统有两个由项目集和项目组成的项目组合。它还提供了包含项目的独立项目集，以及与项目组合、项目集、产品、服务或结果无关的独立项目。任何项目或项目集都可能包括产品。项目集生命周期通常比项目生命周期长，它可能由整个项目集或项目组合组成，这取决于具体的管理结构。运营可以直接支持或影响项目组合、项目集和项目以及其他业务职能，或者作为它们的一部分。

图1-3显示了组织内部环境中的价值交付系统及其组件信息流，这些信息流受制于政策、程序、方法论、框架、治理结构等。

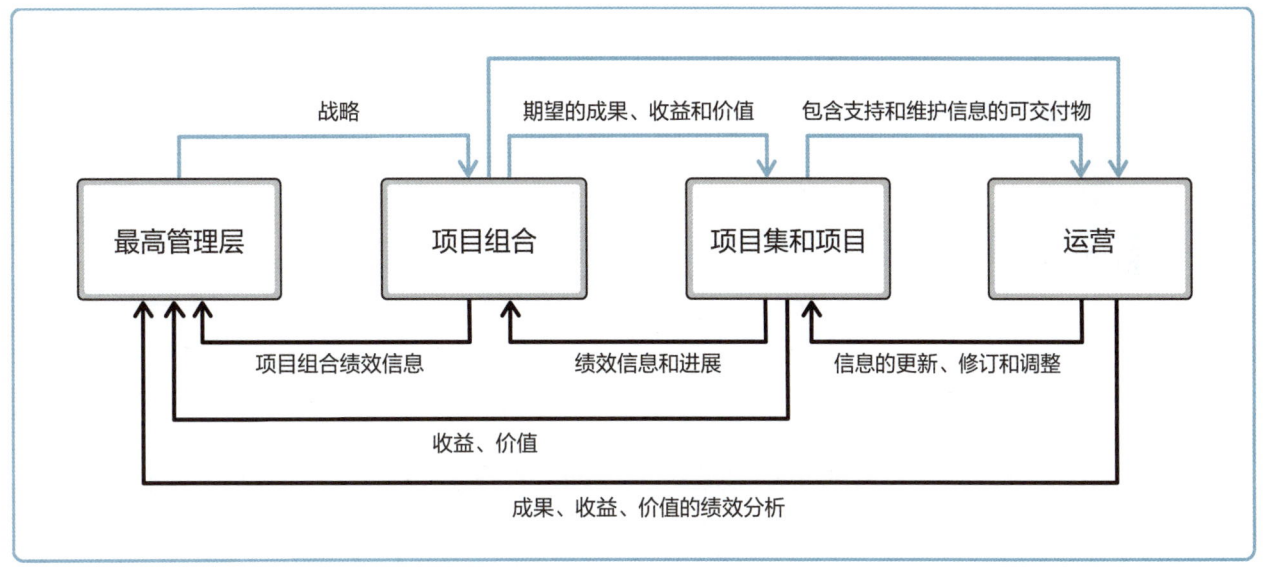

图1-3　在价值交付系统中的信息流示例

第1章　引论

1.3 什么是项目集管理

项目集管理将知识、技能和原则应用于项目集，以实现项目集目标，并获得单独管理项目集组件所无法获得的收益和控制。它需要调整项目集组件和资源，以确保实现项目集目标，以最佳方式提供收益，并有效管理风险。项目集管理由项目集经理领导，项目集经理是执行组织授权的领导者，负责带领团队（或多个团队）实现项目集的目标。

项目集经理通过在 6 个相互关联和相互依存的项目集管理绩效域中采取行动，来对项目集的组件（项目、附属项目集和项目集活动）进行有效的对齐、整合和控制。

- ◆ 战略一致；
- ◆ 收益管理；
- ◆ 干系人参与；
- ◆ 治理框架；
- ◆ 合作；
- ◆ 生命周期管理。

项目集管理绩效域是活动或功能相关领域的互补群组，在项目集管理工作的整个范围内，这些领域独特地描述和区分了某一绩效域中的活动与其他绩效域中的活动的差异。本标准的后续章节将详细讨论这些绩效域。通过这些项目集管理绩效域，项目集经理监督和分析相互依赖关系，以确定管理项目集组件的最佳方法。与这些相互依赖关系相关的行动可能包括：

- ◆ 协调项目集中项目之间的各种项目管理方法和方法论（如预测、敏捷、适应、混合等）。
- ◆ 定义项目集组件的成果将如何促进项目集交付其预期收益和最终价值，并支持组织的战略。
- ◆ 当使用增量交付方法（如敏捷）时，规划在整个项目集生命周期中通过迭代分批交付的目标收益。

- 监测项目集组件的收益实现情况，以确保它们在战略上与组织的目标保持一致。
- 确保项目集组件的成果得到考虑并传达给适当的干系人，以便项目集能够有效地优化其预期收益的实现并提供价值。
- 领导、协调和协作跨所有项目集组件、工作或阶段的项目集活动（如财务和采购）。
- 与项目集发起人和其他关键干系人进行沟通，并向其报告项目集中正在开展的适当的项目集管理活动的整合和协作情况。
- 涵盖项目集的所有组件，评估风险并主动采取行动。
- 确保遵循项目集路线图。
- 将项目集工作与组织战略和项目集的业务论证保持一致。
- 在共享治理结构内解决范围、成本、进度、资源、质量、收益、沟通、采购、干系人和风险问题。
- 裁剪项目集的活动、流程和接口，以应对项目集中的文化、社会经济、政治和环境差异。
- 确保在考虑特定业务需要和优化资源时，及时交付组件的成果。
- 与项目集组件经理合作，指引和指导他们，以确定在项目集中管理其项目所使用的方法论和方法。
- 执行全面的依赖关系管理。
- 整合项目集收益。
- 基于组件独特的方法和需要，领导并参与开发整合的项目集框架，以促进附属项目集、项目和运营之间的协作。

项目集经理运用项目集管理原则，确保项目集及其组件得到规划、管理、控制和完成，并通过接口管理适当地交付和维持项目集收益。

1.4 组织战略、项目集管理、项目组合管理和运营管理之间的关系

组织应用项目集管理来支持组织战略中的复杂项目（集）。在实践中，当推行此类项目（集）时，项目集经理发现，他们的项目集会影响具有运营属性的业务线。此外，项目集经理还发现，项目集所带来的收益可能影响组织运营活动的方法或范围，并且项目集的组件可交付物会转移到组织实体，以确保持续提供收益。出于这些原因，项目集经理与组织内负责管理运营的人员建立协作且相互支持的关系很重要。项目集经理和运营经理共同负责组织战略目标的平衡和成功执行。

根据组织的变革管理成熟度，项目集经理可能发现变革管理办公室很有用。该办公室可以帮助项目集经理将变革管理活动与项目/项目集活动相结合，以实现成果向运营团队的平稳过渡，并确保变革的可持续性。有时，如果没有专门的变革管理专业人员或办公室，项目集经理也必须准备好执行变革管理活动。了解如何确定组织的当前成熟度以及驾驭其独特环境所需的步骤是必不可少的技能。

组织通过创建战略业务举措来产生结果，或者对组织、组织的产品或服务进行变更，从而满足变革的需要。项目和项目集的项目组合是实施这些举措的工具。有关使用项目集进行变革的更多信息，见《组织变革管理：实践指南》[12]。

1.5 组织业务价值

组织采用项目集管理来提高其为组织及其目标受众提供收益、增加和保持价值的能力。在非商业组织中，收益可以以社会价值、社区价值或组织价值的形式提供（例如，改善健康、安全或安保）。在商业组织中，以组织价值的形式提供组织收益是很常见的。组织价值可以定义为组织中对其目的或愿景有贡献的所有有形和无形要素的总和。例如，有形要素包括货币资产、设施、固定设备、股权、工具、市场份额、可持续发展和公共服务，无形要素可能包括商誉、品牌知名度、公共利益、商标、合规性、声誉、战略一致性和能力。组织价值也可以通过执行战略目标和持续、完善的运营来创造。然而，将项目组合、项目集和项目管理作为组织价值交付系统的一部分，使组织能够采用可靠的既定原则和流程，通过追求与其使命和未来愿景一致的新战略来产生新的价值。

项目组合管理可确保组织的项目集、项目和运营与其战略保持一致。它允许组织定义如何通过项目集和项目来实现其战略目标，以及这些项目集和项目将如何得到人力、财务、技术或物质资源的支持。这些项目组合管理工作应该有助于对组织的价值追求进行优化。

项目集管理使组织能够通过统筹协调项目、附属项目集和其他与项目集相关的活动来实现其战略目标。项目集管理旨在优化相关组件项目和项目集的管理，以增加组织创造的价值。项目集管理在项目集的整个生命周期中对其进行平衡，使项目集能够持续地实现规划收益并交付预期价值。此外，项目集管理还有助于在组件之间有效、协同地利用资源。

项目管理使组织能够通过应用知识、流程、原则、技能、工具和技术，更高效且更有效地产生实现组织目标所需的成果，从而提升项目交付成果的能力。项目管理寻求通过提高组织交付新产品、服务或结果的效率来优化收益和价值的交付。

1.6 项目集经理的角色

项目集经理由执行组织的高级官员根据组织的治理程序指派，并有权领导负责提供收益和价值的团队（或多个团队）。项目集经理对项目集的领导、组织、执行和项目集团队建设（以实现项目集目标，交付预期项目集收益和价值）负有责任和义务。项目集经理的角色不同于项目经理。如第 1.2 节至第 1.3 节所述，这些角色之间的差异源于项目和项目集之间以及项目管理和项目集管理之间的本质差异。如果项目集不受项目组合管理的约束，项目集经理则需要评估，应将《项目组合管理标准》[3]中的哪些原则和绩效域（及其价值和收益）纳入项目集活动。

在项目集中，交付价值和收益的最佳方式（通过项目、附属项目集和其他活动）在项目集开始时可能是不确定的。然而，随着项目集的进展，项目集经理需要提高这些手段的可见性。项目集组件产生的成果有时可能是复杂的和不可预测的。因此，应对项目集进行管理，以认识到在项目集组件之间寻求协同效应和规模经济的潜在需要，并在项目集执行过程中调整策略和计划，以优化收益和价值的交付。项目集经理的主要职责是主动管理交付的执行过程，以确保与承诺的成果保持一致。项目集经理应确保项目集组件按要求进行调整，并确保项目集持续与组织的战略目标保持一致，以实现其规划的收益。

项目集经理还负责管理或协调管理复杂的风险和问题，这些风险和问题可能在项目集交付收益时出现。这些问题可能源自与成果、运营、组织战略、资源、外部环境、治理格局或项目集干系人的期望和动机相关的不确定性。项目集经理必须管理项目之间的依赖关系。

第 3.3 节至第 3.8 节所述的 8 项项目集管理原则、6 个项目集管理绩效域和支持性项目集活动，讨论了应对易变性、不确定性、复杂性和模糊性（VUCA 环境），以及在项目集环境中实施变革（以优化项目集交付的收益）所需的实践和项目集管理技能。这几节描述了争取干系人和指导委员会，以及管理项目集生命周期进展的框架和原则。第 4 节确定了为促进收益交付而推荐的核心和支持性项目集活动。

总的来说，项目集经理应：

- 在 8 项项目集管理原则和 6 个项目集管理绩效域内工作时，锻炼严谨思维的技能。
- 与项目经理和其他项目集经理合作，为支持项目集而实施的单独项目（集）提供支持和指导。
- 与项目组合经理合作，确保根据项目集的能力和容量需要为项目集提供适当的资源。
- 在适用的情况下，与治理主体、发起人和项目集管理办公室合作，以确保项目集与组织战略和持续的组织支持保持一致。这对于确保项目集组件符合项目集管理办公室制定的项目管理方法论以及当地法律、法规和标准的要求也是至关重要的。
- 与运营经理和干系人（内部和外部）协调，以确保项目集能获得适当的运营支持，并确保项目集交付的收益能够得到维持。
- 确保项目集各组件的范围和可交付物得到干系人和项目集团队的认可和充分理解。
- 确保项目集组件之间的公共资源得到最佳利用。这一角色涉及从战略层面规划和监督项目集内各个项目的资源分配，以实现最大的效率和有效性。

- 确保整个项目集的结构平衡,并且所应用的项目集管理流程能使项目集及其组件团队成功完成工作并交付预期收益。

- 将项目集组件的可交付物、成果和收益整合至项目集的最终产品、服务或结果,使项目集能够实现其预期收益。

- 转变项目集的成果,并在项目集的整个生命周期中支持收益实现过程。

- 确保受益人和干系人清楚地了解他们将如何为项目集及其预期成果和收益做出贡献或受到其影响。

- 在项目集的整个生命周期中,培养组织(内部)对项目集目标的社会意识和支持,以提高项目集成功实现其预期目标的能力。

- 作为项目集的守护者,确保项目集尽可能高效、可持续地实现其特许目标。

- 为项目集和组件团队提供有效和适当的领导和指导。

- 运用最有效的沟通管理计划和干系人争取技能,争取内部和外部干系人(尤其是政府和监管机构的干系人),并管理他们的期望。

- 确保组件项目与项目集进度同步,认识到过程中的变更或延迟可能影响其他项目集组件的结果,进而可能需要重新进行规划。

- 在整个项目集及其干系人之间建立稳固的纵向和横向沟通机制。

除了已经列出的职责，项目集经理还应确保组件、其他项目集和项目集活动以一致的方式得到组织和执行，并且符合既定的标准。项目集经理还要协调和同步资源，特别是项目集组件和项目之间的关键相关资源，以确保项目的成功。项目集经理代表组织及其领导层对项目集的整体成功负责。项目集经理还对项目集发起人负责，并落实项目集的规划、执行和总体管理，同时应用组织项目管理（OPM）标准、方法论、过程、工具和技术（如适用）。

1.6.1 项目集经理胜任力

项目集经理需要鼓励团队按计划高效地完成组件、项目和其他项目集活动，同时在有利于提高项目集预期收益（或交付能力）的情况下，灵活调整项目集或其组件的策略或计划。平衡这些需求要求项目集经理有能力提供一个综合视图，说明项目集组件的成果将如何支持项目集预期交付的组织收益。

项目集经理所需的专业知识在很大程度上取决于驾驭与项目集成果或环境相关的易变性、不确定性、复杂性、模糊性、转型和变革所需的熟练度。不同类型的项目集，甚至是那些面临不同挑战的相似类型的项目集，所需的技能也可能存在显著差异。例如，它们可能包括特定于项目集目标成果的技术技能、特定于项目集环境的业务技能，或者对应对复杂运营挑战至关重要的高级项目管理技能。项目集经理通常需要具备以下影响力技能和商业敏锐度。然而，需要注意的是，尽管在某些情况下，技能集可能因项目集而异，但全面了解并掌握这些技能和能力的项目集经理可以成功领导任何类型的项目集：

- **沟通和协商技能**。运用沟通和协商技能可与各种项目集干系人有效交换信息，包括项目集团队成员、发起人、客户、供应商和高级管理人员，无论是个人还是群体或委员会。

- **干系人争取技能**。运用干系人争取技能可应对因干系人互动而频繁出现的复杂问题。项目集经理应该认识到管理个人和群体期望的动态特性。

- **变革管理能力**。项目集经理应具备变革管理能力，当需要适当调整项目集策略或计划时，可有效争取个别干系人、治理和审查委员会，以确保获得必要的协议、一致性和批准。作为组织的项目集评审和批准过程的一部分，当项目集与多个委员会进行互动时，项目集经理应提供关于干系人和委员会视角的综合观点。

- **领导力和管理技能**。在整个项目集生命周期中，均可运用这些技能来指导项目集团队。项目集经理与组件经理合作，并且通常还与运营经理合作，以获得支持、解决冲突、委派责任，并根据需要提供工作指引，赋能和指导项目集团队成员完成工作。这有助于在解决项目集流程问题时采用系统思维方法。

- **合作和启发技能**。运用合作和启发技能可有效推动团队工作，管理伙伴关系，并加强干系人的支持和参与。运用该技能还有助于项目集经理把握项目集中各利益群体的动机，解决冲突，实现妥协，获得资源，现实地管理风险，并满足合规要求，同时确保项目集在整个生命周期中保持平衡，以实现预期成果和收益。

- **分析能力**。项目集经理应具备分析能力，以评估项目集组件的成果是否有助于如期交付项目集收益，理解和管理项目集遇到的挑战和机遇，或者评估内部/外部风险和问题对项目集策略或计划的潜在影响。严谨思维能力非常重要。

- **整合能力**。项目集经理应具备整合能力，以便从全局的角度描述和呈现项目集的战略愿景和计划。项目集经理的职责是，确保项目集组件的计划始终符合项目集目标并有助于实现组织的收益。

- **业务和战略管理技能**。运用业务和战略管理技能，以确保项目集收益与组织的战略和愿景相一致，并应对不确定性和领导层互动。该技能还有助于向发起人展示项目集的收益影响和成功，并加强与团队的沟通，提升团队凝聚力。

- **系统思维能力**。项目集经理应具备系统思维能力，能够采用适应性和全局性管理方法及分析技术来应对项目集环境中的复杂性。分析技术包括非线性分析、蒙特卡罗模拟或多维度分析等。

- **风险管理技能**。运用该技能可识别、分析、规划和应对项目集中的潜在风险。这涉及开发系统的风险管理流程，在具有不确定性的环境中做出明智的决策，并设计应急计划。

与缺乏特定业务经验的项目集经理相比，拥有项目集专业领域知识和经验的熟练项目集经理通常具有更多的优势。然而，无论背景如何，成功的项目集经理都会有效地运用知识、经验和领导力，使项目集方法与组织战略保持一致，以改善项目集收益的交付，加强与干系人和项目集指导委员会的合作，并管理项目集生命周期。通常，这需要项目集经理展现出一定的能力，包括：

- 在运用全局式的、以收益为导向的项目集管理方法时要关注细节。
- 充分运用项目组合、项目集和项目管理的原则、实践、流程、工具、方法论、方法和技术中的专业知识。
- 与项目集指导委员会和其他高管干系人进行紧密的互动与合作。
- 与团队成员及组织的其他干系人建立良好和协作的关系。
- 适应项目集内外部环境中的运营和战略变化。
- 充分运用业务知识、技能和经验，以便更好地理解和驾驭项目集环境中的易变性、不确定性、复杂性和模糊性（VUCA）。
- 运用出色的沟通和协商能力来提升各方对项目集的认识和理解，并达成共识。

在特定的项目集或组织背景下展现这些能力可能遇到独特的挑战。有许多技术或设计问题的项目集可能需要有技术背景的项目集经理。若面对有诸多人员和干系人协调问题的项目集，则可能需要在冲突或对立环境中能够管理合作关系的项目集经理。有良好自我认知的项目集经理了解自己的优势和劣势，并能据此打造与其技能互补的项目集管理团队。

项目集往往具有复杂和多变的特点，项目集经理可能从项目管理领域或与其项目集紧密相关的技术领域"跨界"进入项目集管理领域，这非常合情合理。无论进入该领域的路径如何，项目集经理通常会积极寻求发展和培训机会，以提升与项目集经理这一角色相关的关键能力，例如，可以获取 PMI 的项目集管理专业人士（PMI-PgMP®）认证或其他认证，也可以在研究生阶段继续进行学术深造。

有关项目集管理能力的更多信息，见《项目经理能力发展框架》[13]。

1.7 项目集发起人的角色

项目集发起人来自执行组织的个人或团体，可为项目集提供资源和战略支持，并对项目集的成功负责。项目集指导委员会可以承担项目集发起人或高级管理人员的责任，但这种情况并不常见，而且违反了良好实践。项目集发起人通常是组织最高管理层的成员，是致力于确保项目集得到适当支持并能够实现其预期收益的个人。在其职责范围内，发起人可以在干系人争取和其他活动中支持并协助项目集经理。

项目集发起人的重要职责是，确保项目集经理和项目集团队清楚无误地理解项目集被授权的目标和任务。此外，根据项目组合或组织的需要，项目集发起人还要协助项目集经理和项目集团队定义项目集的收益和成果。项目集发起人为项目集管理计划提供监管和指导，以便收益规划与组织的战略目标保持一致。

项目集发起人致力于在项目集的整个生命周期中争取并维持组织对项目集的支持，因此项目集成功的概率更高。发起人与投资组织、第三方发起人（如世界银行或亚洲开发银行）和其他金融机构合作，以确保获得资金。项目集发起人还为项目集经理提供有价值的指导和支持，确保项目集获得高层应有的关注，并确保项目集经理了解可能影响项目集的组织变化。在确保项目集获得批准的业务论证所需的资金和其他资源方面，项目集发起人发挥着重要作用。同样重要的是，要记住，项目集发起人和项目集指导委员会的角色是不同的。虽然项目集指导委员会可以作为项目集发起人，但这并非长久之计。有关项目集发起人在治理和管理方面的具体职责，见第 3.5.1 节和第 3.6.2.1 节。

1.8 项目集管理办公室的角色

项目集管理办公室是一种组织管理结构，通常位于项目集管理组织的内部。它负责支持指定的项目集，并提高组织内项目集管理的成熟度。项目集管理办公室负责规范与项目集相关的治理过程，并促进资源、方法论、工具和技术的共享。项目集管理办公室还支持培训、质量保证活动和组织过程改进活动。项目集管理办公室的具体角色根据组织需要、治理结构、资源和组织的通用项目集管理方法或理念而有所不同。

根据组织的类型、组织的使命和结构，以及组织为实现其目标而执行的过程，项目集管理办公室可能呈现不同的形式和结构。例如，一些组织可能赋予"项目管理办公室"更为宽泛的含义，可以用来指代项目、项目集和项目组合管理办公室或其职能。其称谓可能因组织而异。组织也可能有多个项目集管理办公室，甚至可能形成一定的层级结构。

项目集管理办公室可以在单个项目集内设立，以专门为该项目集提供支持；它也可以独立于单个项目集，为组织的一个或多个项目集提供支持（更多详细信息，见第 3.5.1 节和第 3.6.2.3 节）。当作为项目集的一部分设立时，项目集管理办公室不仅是项目集基础设施的重要组成部分，也是项目集经理的重要"助手"。它可以支持项目集经理管理多个项目和项目集活动，例如：

- 定义应遵循的标准的项目集管理流程、政策和程序；
- 制定和管理项目集管理方法论、良好实践、质量保证活动或标准；
- 开发和管理项目集管理文件；
- 提供辅导和培训，以确保标准和实践得到理解；

- ◆ 为项目集沟通提供支持；
- ◆ 为项目集层面的变更管理活动提供支持；
- ◆ 进行项目集绩效的分析；
- ◆ 为项目集的范围、进度和预算管理提供支持；
- ◆ 监测预期收益、结果或成果的交付情况；
- ◆ 为将收益从项目集层面顺利转移至运营层面提供支持，以维持和实现这些收益；
- ◆ 定义项目集及其组件的通用质量标准；
- ◆ 为有效的资源管理提供支持；
- ◆ 为向领导层和项目集指导委员会报告提供支持；
- ◆ 为文件和知识转移提供支持；
- ◆ 为管理变更以及跟踪风险、问题和决策提供集中化的支持。

此外，对于大型或复杂的项目集，项目集管理办公室可以为人员和其他资源、合同与采购以及法律或法规问题提供额外的管理支持。

有些项目集将持续多年，并且承担许多与大型组织的运营管理相重叠的日常运营工作。项目集管理办公室会承担这些责任中的一部分。在第 3.6 节和第 4 章，将进一步描述项目集管理办公室在治理和管理方面的具体角色。

有些组织选择不正式定义项目集管理办公室。在这种情况下，项目集管理办公室的管理职能一般由已任命的项目集经理承担。

1.9 项目集与项目的区别

项目集管理为组织提供了管理相互关联的工作分组（如项目、附属项目集和项目集活动）的框架，这些工作分组旨在产生通过单独管理项目/项目集工作无法实现的收益。本节进一步讨论将项目集与项目区分开来的三个特征，即不确定性、变更和复杂性。在没有项目集的情况下，项目可能继承项目集的一些特征，在某些情况下，还会继承项目组合的一些特征。

如第 1.2.2 节所述，应记住：

◆ 项目集由一组相关项目、附属项目集和项目集活动组成，以协调的方式进行管理，以获得单独管理它们无法获得的收益和成果。项目集通常是项目组合中的常见元素，旨在为组织的战略目标提供重要的收益和价值。

◆ 项目，无论是独立管理的，还是作为项目集或项目组合的一部分，都是为了创造独特的产品、服务或结果，为组织带来价值而进行的工作。

1.9.1 不确定性

风险会渗透至项目集和项目管理环境。具体项目或项目集受到的影响各不相同。然而，共同点是不确定性。不确定性是基本属性，可能是项目集和项目复杂性的原因或结果。项目集和项目组织结构的建立是为了促进风险和相关不确定性的监测（尽可能减轻风险）和控制（尽可能控制风险）。

项目和项目集的区别在于与其管理结构相关的级别和权限。项目管理结构在组织内的级别低于项目集管理结构。虽然风险承受能力和偏好可能影响经理个人对风险的反应，但项目层面的风险管理往往更为保守，更强调降低风险以应对威胁。

与项目集相比，由于资源和监管的限制，项目利用机会的能力也可能受到限制。由于资源限制和治理项目集或项目组合管理办公室（如果有）内部的额外监督，项目团队对机会的反应能力通常不如项目集团队。

通常，项目的成功要通过产品交付的价值、及时性、预算、客户满意度以及由此产生的价值来度量。尽管项目集的成功取决于其项目的产品、服务或结果的交付，但它是通过以有效和高效的方式向组织交付收益来度量的。项目和项目集都力求为客户提供收益和质量。然而，如上所述，项目和项目集的重点明显不同。

因此，项目对不确定性的处理是在成功交付最终产品或服务的背景下进行的。这种观点往往源于战术层面的考虑，通常导致在整个项目生命周期中采用可最大限度减少不确定性的管理方法。例如，渐进明细的管理实践，通常被用作最大限度地减少不确定性的工具。即使在敏捷方法中，如 Scrum、极限编程（XP）和规模化敏捷框架（SAFe®），也可以使用较短的交付周期（如果使用 Scrum，则冲刺通常为 1~2 周）来有效减少不确定性。

在项目集层级，应对不确定性的方法有所不同，这主要是因为项目集的重心在于交付收益，而不是产品。通常，与项目集生命周期相关的较长时间框架，以及项目集管理团队在组织内更高级别的职位，也都会影响对不确定性的看法。因此，项目集层级的管理者往往拥有更广阔的管理视角、更大的权力和更多的额外信息，而这些信息在较低层级的管理中可能是不可用的。项目集层级的经理通常能更好地处理更多的风险，并能够利用不确定性来增加项目集在组织的总体战略目标中的机会。项目集团队在减轻威胁方面也更具优势。此外，项目集团队在组织的管理链中处于更高的位置，在更少的管理层级中工作，通常与高级管理人员的联系也更为紧密。

一般来说，上述因素往往会促使项目团队采取管理行动，以最大限度地减少不确定性和风险。然而，在项目集层级，由于管理权限更大且视野更广，不确定性可能更多地被视为工具，以发掘机会或寻找在项目层级无法获得的方法，来避免或减轻风险和与之相关的不确定性。

1.9.2 管理变更

项目集经理需要考虑三类不同的变更：项目集变更、内部变更和外部变更。项目集通常代表着组织变革，这本身就是一种变更过程，项目集经理必须熟悉变革方法论，才能为组织带来价值。内部变更是指项目集内部的变化。外部变更是指整个业务环境（无论是项目集组织内的业务环境还是项目集组织外的业务环境）的变化。

与变更相关的风险和问题应在项目集和项目中以不同的方式加以解决。在项目集和项目中，都应该有理由证明拟议变更带来的好处将超过任何潜在的负面影响。项目内的变更会在战术层面影响已定义的可交付物，而项目集内的变更会在战略和战术层面影响预期收益的交付。在项目集中管理变更需要战略洞察力、知识以及对项目集目标和预期收益的理解。项目集中任何组件的变更都可能对其他相关组件的交付产生直接影响，这就需要对这些特定组件进行变更。

在项目集中，变更管理是一项关键活动，使干系人能够仔细分析拟议变更的需要、变更的影响，以及实施和沟通变更的方法或过程。变更管理机制是项目集管理计划的组成部分（在项目集规划期间制定），旨在明确变更管理权限。

◆ **项目集变更**。变革管理项目集有助于企业部署新的流程、系统和战略，以实现更高的企业绩效。需要为这些项目集制定变革行动，获得组织的支持，尽可能顺利地实施这些行动，并为未来的变革活动创建可复用的模型。项目集经理以一种独特的方式处理项目集层级的变更。他们依赖于项目集组件预定的且一致的性能水平。对于项目组件，项目集经理理所当然地期望项目按时、按预算、在范围内交付，并具有可接受的质量水平。对于其他项目集和项目集活动，项目集经理应确保每项活动的执行方式都能对项目集的成果和预期收益做出积极贡献，或者有效减少负面影响。对于项目集组件，就像在项目中一样，应用变更管理原则来理解和控制每个组件的进度、成本和成果的可变性。此外，项目集经理可以创建新组件，也可以与发起人、其他管理层或变更控制委员会合作来创建或取消组件。做出这一变更是为了确保收益与战略目标相一致。项目集以前瞻性的方式应用变更管理，以适应不断变化的环境。这是在项目集执行过程中频繁重复的迭代过程，以确保它在开始时就交付规划的收益。

- **项目变更**。在项目中，变更管理用于帮助项目经理、团队和干系人监督计划规范（范围和质量）、成本、风险、进度和其他管理关注点的偏差量。敏捷方法的运用贯穿整个项目生命周期，变更的报告通常会参考不断优化的原型或发布路线图。

1.9.3 复杂性

项目集和项目都与复杂性有关。在项目集和项目中，复杂性来源可以分为人类行为、系统行为和模糊性（见《驾驭复杂性：实践指南》[14]）。

复杂性是项目和项目集所在环境的属性。这种复杂性源于项目和项目集的各个系统之间的相互作用。项目集由项目、组件和其他条目组成，每个项目、组件或其他条目都是以多种方式一起操作的系统或系统组。项目也类似，是由工作包团队或技术开发人员等系统组成的。构成项目集和项目全局体系的系统可能以简单的、复杂的或充满复杂性的方式进行交互。复杂系统的特征是，输入与输出之间缺乏明确的（或只有较弱的）因果关系。此外，大型项目集可能非常复杂，存在许多项目集和关联的运营活动。然而，组成项目集体系的系统可能具有定义良好的接口和交互方式，它们可能很复杂，但并不具备复杂系统的特征。工作的规模或复杂程度并不会导致复杂性。

例如，刚才提到的不复杂情况可以在烤面包机的新产品交付和支持型项目集中看到。管理公司可能生产了许多非常相似的产品；技术定义明确；执行人员经验丰富，组织能力成熟；有明确的、已识别的干系人（包括目标买家）。另外，在负责交付新产品（如烤面包机）的项目中，可能发现项目处于复杂的环境中，例如，治理结构没有得到定义，管理和技术团队的管理成熟度过低。在这种情况下，人为因素构成了该项目体系中的一个系统，它会根据不明确的管理输入产生不可预测的输出。因此，复杂性会出现在该项目中，主要因为人类行为和非线性系统行为的不可预测性（没有明确的因果关系）。正如项目中某个元素的复杂性可能影响整个项目一样，那些日益复杂的项目也可能使其所在的项目集环境变得充满复杂性。

项目或项目集可能以相同的方式增加复杂性。主要区别在于组成项目或项目集体系的系统特性以及受影响的参数。表1-1列出了可能引发复杂性的选定参数。例如，可交付物的设计可能产生复杂性。一方面，对项目的影响将直接关联到可交付物，并可能表现为成本、进度和项目绩效问题。另一方面，特定产品开发工作中的复杂性可能不会导致整个项目集工作陷入复杂状态，因为更大的项目集管理域可能能够比项目更好地保护整个项目集系统。具体来说，这种保护可以通过意识到项目集的核心目标是创造收益，而不是特定的产品交付来体现。收益实现体系至少与项目的产品开发过程或系统相隔一层，因此可能不会受到与该特定产品相关的复杂性的影响。

表1-1评估了项目和项目集中的复杂性，讨论了各种挑战、机遇和积极驾驭复杂性的步骤。

表 1-1 项目和项目集中的复杂性对比

参数	项目集	项目
变更管理	运营和实施战略层级 • 变更基准（范围、成本、计划和预期收益）。 • 仅限于项目和项目集管理办公室或项目和项目集治理变更流程。 • 改变干系人和项目人员。 • 组织战略变更	战术层级 • 变更基准（范围、成本、计划和预期收益）。 • 仅限于项目管理办公室或项目变更流程。 • 改变干系人和项目人员
收益定义（范围）	通过项目和附属项目集等组件元素进行交付 • 问题可能涉及多个项目交付的集成。 • 重心是收益，而不是可交付物	通过已开发的产品或服务进行交付 • 与产品、服务或能力交付相关联的问题。 • 重心是可交付物
依赖关系	组件之间的管理 • 调整项目集基准（范围、成本、进度和预期的可交付物）。 • 创建、监测和控制组件，并取消现有组件。 • 将战术产品的交付关联至公司战略	集成主计划（IMP）/集成主进度（IMS）（以路线图为重点的管理） • 调整项目基准（范围、成本、进度和预期的可交付物）。 • 创建、监测和控制工作包；调整工作包以交付需求
运营组织	与运营的紧密关系 • 确保在运营的过渡和维持期实现收益	视运营为界面 • 由项目负责，直至提供可交付物。 • 在 DevOps 中，视软件开发向运营的过渡为开发团队与运营团队之间的界面操作
治理	中到高层级 • 管理人员在更高层级上有更宽广的视野。 • 决策的选择更多，权限的范围更大，与企业战略考虑更紧密。 • 通常能更有效地获取关键信息。 • 通常能更好地处理风险。 • 在项目组合（战略）与项目（战术）治理之间建立联系	低到中层级 • 管理人员以战术为导向，专注于项目交付。 • 决策的选择和权限仅限于项目范围内。 • 与更高层级的管理人员相比，信息的获取可能受到限制。 • 治理的重点在于战术项目的关注点
资源	所需的能力和容量水平在生命周期中持续变化 • 增强能力，以应对不断变化的资源需求	所需的资源可以通过项目集和项目组合的操作进行控制 • 在许多情况下，项目必须寻求更高层级的管理来解决资源问题
收益	是项目集的整体结果，通过项目集组件的交付和能力支持而实现收益 • 收益实现与项目集的输出直接相关	是次生的，来自所交付的高质量的产品、服务和能力 • 收益与交付的产品、服务或能力相关联。 • 增量交付和收益实现可以通过渐进明细/滚动规划来实现

1.10 项目组合与项目集的区别

虽然项目组合和项目集都是项目、活动和非项目工作的集合，但可用一些方面来明确区分它们，并有助于澄清两者之间的差异。为了阐明这些重要组织结构之间的区别，有两个方面很突出：相关性和时间。

- **相关性**。区分项目集和项目组合的主要考虑因素是项目集定义中"相关"一词引入和隐含的概念。在项目集中，所包含的工作是相互依赖的，就像链条中的环节一样，因为实现全部预期收益取决于项目集范围内所有组件的交付。在项目组合中，所包含的工作只需要以某种符合组织战略目标的方式关联，即使它们彼此不相关。项目组合的工作分组可以包括来自同一资源池的工作、交付给同一客户的工作或涉及同一技术的工作。其他分组也是有效的，例如，在同一地理区域或战略业务单元内执行的工作。项目组合中包含的工作可能涵盖各种项目（集），这些项目（集）可以是相关的，也可以是独立的。该项目组合可能包含独立的活动，组织可以将这些活动分组并统一管理，以便于监管和控制。

- **时间**。项目组合与项目集的另一个区别因素是时间。项目集可以是持续的，也可以是临时的，它将时间视为工作的重要组成部分。尽管项目集的生命周期可能跨越数年或数十年，但项目集具有战略性，其特点是存在明确定义的开始、未来的终点，以及在项目集实施过程中要实现的一系列成果和规划收益。而项目组合则不然，虽然会定期对其进行评审以支持决策，但并不要求其在特定日期结束。项目组合中定义的各种项目（集）和工作要素大多既不直接相互关联，也不需要相互依赖以实现收益。在项目组合中，组织的战略计划和业务周期决定了特定投资的开始或结束，这些投资可能有着截然不同的目标。此外，项目组合中的工作和投资可能持续数年甚至数十年，或者可能随着业务环境的变化而被组织更改或终止。最后，项目组合还包含各种项目（集）的提案，包括运营、项目集和项目，在批准它们之前，应对其进行评估并与组织的战略目标保持一致。根据适用的程序，项目（集）的提案可能在组织的项目组合中存在一段时间（时长不确定）。

项目组合管理在组织中的层级高于项目集管理。项目组合团队的能力是以投资为导向，而不是以项目集管理为导向。项目组合管理对项目集具有强大的影响力。可以根据项目集的绩效和投资回报率（与其他投资机会相比）以及与组织战略保持一致的当前状态来维持或取消项目集。

表 1-2 展示了项目组合管理和项目集管理在相关性和时间上的差异，这使它们能够形成和执行进度计划，以实现成果、目标和收益。

表 1-2 项目组合和项目集管理的相关性和时间差异

	项目集	项目组合
相关性	**相互依赖** • 项目集组件应相互关联，以实现全部预期的收益	**相互独立** • 项目组合组件可以是独立的
时间	**临时工作** • 期望有一个已定义的起点和未来的终点	**持续的工作** • 不要求在特定日期结束。 • 为规划、投资承诺和监测设定明确的时间段；随着目标和任务的修订，该周期将持续下去

第 2 章

项目集管理原则

在项目集管理领域，原则是知识、实践和智慧沉淀的"灯塔"。虽然原则是战略、决策和解决问题的基本准则，但它们也代表了基本规范、真理或价值观。

本章包括：

2.1 干系人

2.2 收益实现

2.3 协同

2.4 团队的团队

2.5 变更

2.6 领导力

2.7 风险

2.8 治理

本标准中概述的项目集管理原则为参与项目集的人员的行为提供了指导，因为他们会影响和塑造项目集管理绩效域（见第 3 章），以产生预期收益。图 2-1 展示了项目集管理原则位于项目集管理绩效域之上，并为每个绩效域中执行活动的行为提供指导。

项目管理原则			
干系人	协同	变更	风险
收益实现	团队的团队	领导力	治理

↓ 指导行为

项目集管理绩效域

- 战略一致
- 治理框架
- 生命周期管理
- 收益管理
- 干系人参与
- 合作

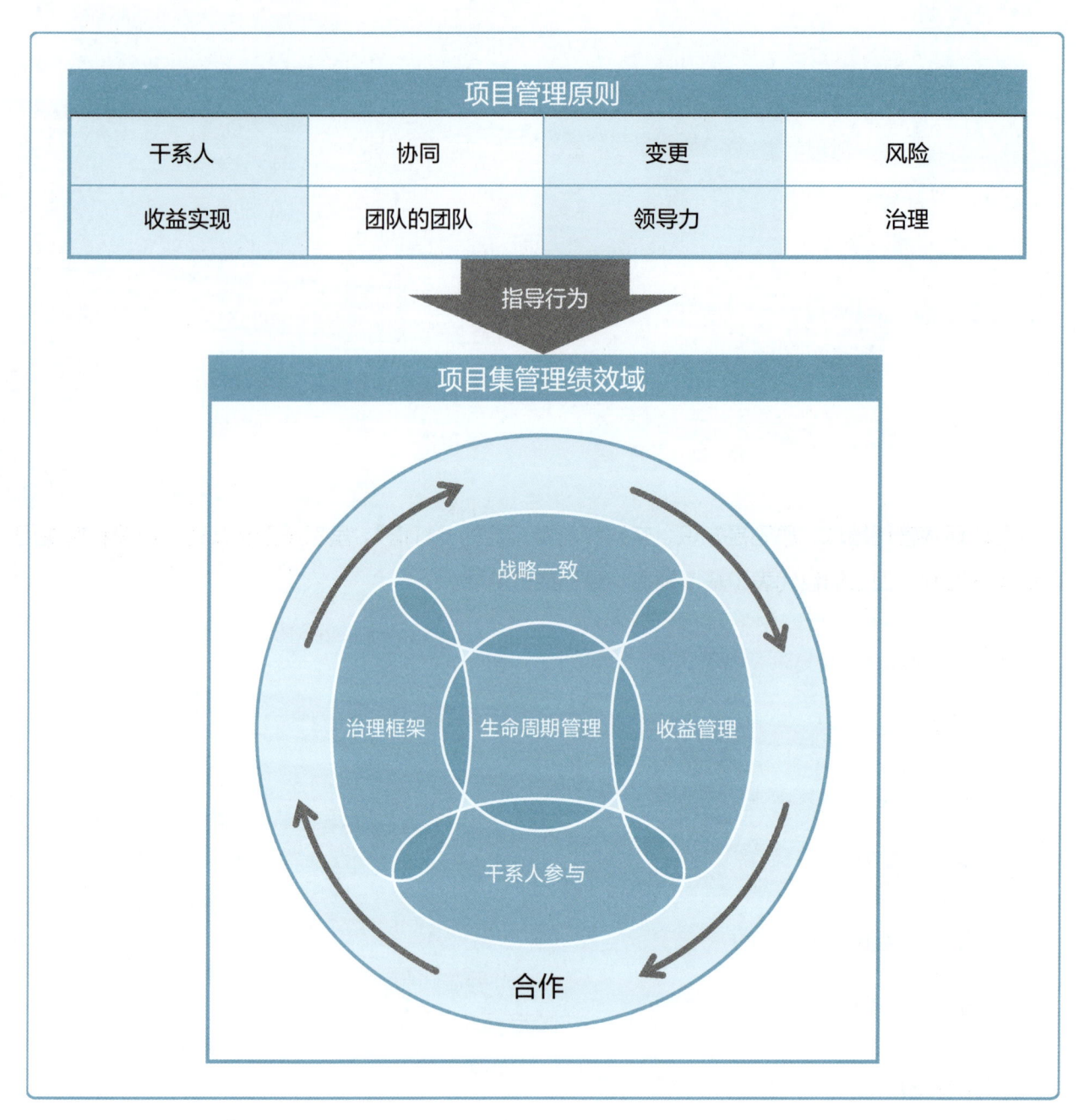

图 2-1　项目集管理原则和项目集管理绩效域之间的关系

此外，这些原则具有广泛的适用性，涉及众多学科。项目集专业人士和干系人有很多机会与原则保持一致，并可以在项目集生命周期中对这些原则的实施和遵循方式产生积极影响。项目集管理原则也可能与项目管理原则和项目组合管理原则有重叠之处。图 2-2 说明了这种重叠。

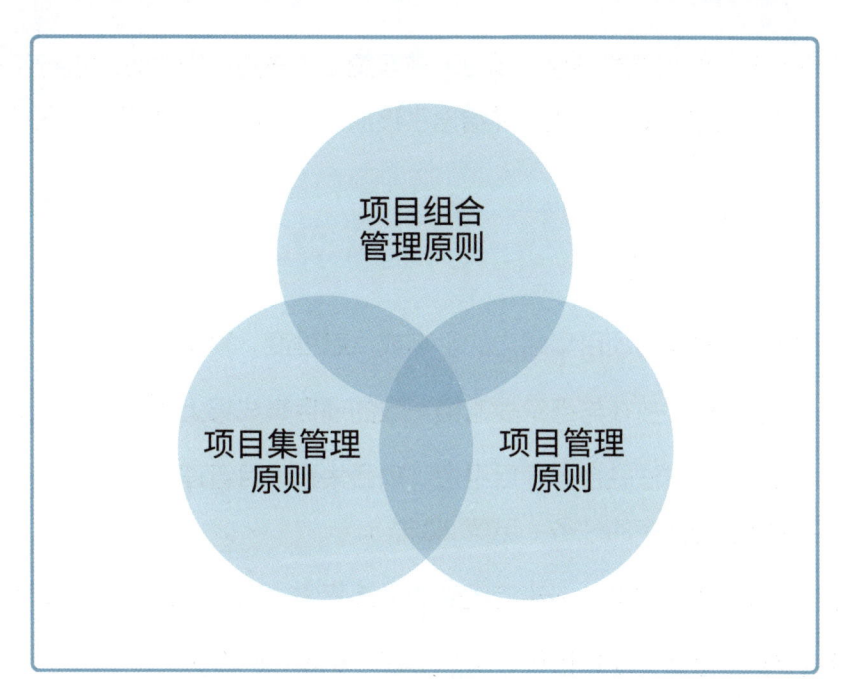

图 2-2 项目组合管理原则、项目集管理原则和项目管理原则的重叠

本标准列出的原则的优势是，它们是由享有盛誉的项目组合、项目集和项目专业人士组成的国际社区来制定和完善的。这些有成就的从业者代表了不同的行业、项目和项目集类型以及文化背景，为项目和项目集管理带来了全球视野。

这些原则没有任何具体的权重或顺序。第 2.1 节至第 2.8 节对原则的陈述进行了说明。这几节都从图开始，在图的顶部提供了原则的标签，并给出了该原则的关键点。随后，将在正文中进一步详细说明每项原则。

本标准中列出的项目集管理原则有：

- **干系人**。应根据干系人对项目集成功的影响或贡献程度，来争取干系人（见第 2.1 节）。
- **收益实现**。持续将重心放在与组织战略相一致的项目集成果上（见第 2.2 节）。
- **协同**。这种结构化的方法融合了项目组合、项目集和项目管理实践，使项目集能够完成比其单个组件所能完成的更多的任务（见第 2.3 节）。
- **团队的团队**。整合团队结构，创建跨组件的关系网络，以增强适应性和弹性（见第 2.4 节）。
- **变更**。拥抱变更，全面关注项目集收益的实现（见第 2.5 节）。
- **领导力**。激励并团结项目集团队，以保持项目集的整体交付节奏，实现预期的项目集收益（见第 2.6 节）。
- **风险**。有效管理项目集风险，确保项目集与组织战略保持一致（见第 2.7 节）。
- **治理**。建立并采用相称且适当的项目集治理框架，以在必要时控制项目集（见第 2.8 节）。

2.1 干系人

干系人原则的主要目标是，确保干系人的期望、项目集收益和组织战略相互协调，并实现和维持项目集的预期业务价值（见图 2-3）。

干系人

积极地争取干系人，以确保干系人的期望、项目集收益和组织战略彼此协调，并实现项目集的预期业务价值。

- ▶ 基于干系人对项目集的影响力和兴趣，争取干系人。
- ▶ 充分利用通过协同效应获得的收益，并减少因干系人冲突所造成的干扰。
- ▶ 在项目集的生命周期和目标的背景下，监测干系人的反馈并采取行动。

图 2-3　干系人原则

这通常很困难。在整个项目集生命周期中，项目集组件收益的实现将处于不断变化的状态。为了确保协调并支持战略一致性合规和良好治理，项目集经理应不断分析项目集面临的适应性挑战，以应对项目集生命周期中干系人的需要和立场的变化。这种分析涉及了解干系人当时所处的环境，因为他们的需要和立场是由这些环境因素决定的。

争取干系人是一个全面的过程，应考虑干系人群体在组织、项目组合和组件层面（相对于其他项目集）的期望和影响，以及项目集所处的外部环境。

项目集功能应确定不同干系人所需的争取程度和争取方法，包括他们是否受到项目集的影响，以及他们对项目集成功的具体影响和态度。项目集管理功能应识别、分析干系人并主动与干系人接触，促进与干系人及其各项目集组件团队的沟通。

干系人原则可以提炼为以下特征：

◆ **积极性**。通过评估干系人对项目集的态度和兴趣以及他们的变革准备情况，激发他们的参与热情并定义项目集收益，以确保与运营战略保持一致，并在项目集生命周期中成功交付收益。

◆ **合作**。根据干系人的变革准备情况，以及选定的组织变革管理策略的速度和规模，通过对干系人的需要、兴趣、需求、期望和愿望进行沟通，将干系人纳入项目集活动。合作的重要环节是，积极引导并支持干系人与项目集组件团队之间的沟通。

◆ **监测**。在整个项目集生命周期中跟踪项目集干系人的影响、期望、需要、反馈、参与和态度。

◆ **启发**。在项目集和相关项目集组件的组织结构内，根据需要开展教育活动并为培训计划提供支持。

◆ **适应性**。充分利用通过协同效应和减轻冲突造成的干扰而获得的收益。了解项目集面临的适应性挑战，以应对干系人在项目集生命周期中不断变化的需要和立场。根据干系人群体的预期收益，确定需要对项目集组件进行的变更。

◆ **清晰**。衡量各种干系人群体的需要，包括他们的角色、兴趣、影响和期望。评估整个组织中干系人（包括个人）的态度和兴趣，包括外部干系人。确保干系人的期望、项目集收益和组织战略相互协调。

◆ **人际交往能力**。建立和维护良好的人际关系，主动采取行动，坚守诚信原则并尊重他人。充分利用人际交往能力的最终目标是，使每个人都能为提高项目集成功的概率而共同努力，并最终提高客户满意度。

2.2 收益实现

收益实现是指一个或多个组织和/或人群（称为受益人）从项目集输出的成果中实现收益。组织通过持续的运营和新产品、服务或成果的创造来保持其竞争优势并实现其目标，从而为组织带来各种收益（见图 2-4）。

收益实现

通过将项目集成果和组织战略保持一致，指导那些参与项目集管理的人员专注于为组织创造价值。

- 项目集收益与组织战略保持一致优先于单个组件的成果。
- 已实现的收益应可以证明所投入资源的合理性。
- 规划的收益应由主要干系人和受益人商定。
- 应平衡风险，以支持收益的实现。
- 治理结构应该能够提供足够的资源，以成功地实现收益。
- 项目集输出、成果及其产生的收益应过渡为正在进行的业务——包括伴随的运营风险、资源、培训和工作件，然后进行跟踪以维持收益。

图 2-4 收益实现原则

重要的是，要理解实现和维持收益是项目集的主要目的。此外，项目集管理不仅要协调多个组件的活动，而且要使它们保持一致，使单个成果、输出或结果产生收益。项目集经理的最终职责是确保其项目集的输出能创造产生收益的成果。这是通过项目集/项目团队的坚定承诺和适当治理来实现的。

收益实现原则通过将项目集成果与组织战略保持一致，为组织创造价值。根据项目集的类型、性质和背景，收益可能在产生特定成果后立即实现，也可能需要在实现之前将一些成果整合在一起。

项目集通过将内部活动与外部动因保持一致来实现收益。项目集的各组件需要与其他项目集和所属项目组合保持一致。最关键的是，需要与组织的战略保持一致。项目集通过缩小与预期成果之间的差距来实现收益，以确保战略一致性。

项目集实现的收益与其交付成本之间的差异是项目集的附加值，它通过定量因素和定性因素的组合来表示。尽管一些无形收益难以通过定量的方式进行度量，但组织需要为这些收益分配价值，以证明支出和投资的合理性并对其进行管理。各组织可以尝试通过问卷和调查来度量这些无形收益的实现情况。

一些项目集的输出可能在产生成果后立即（或不久）开始为受益人带来收益。另一些项目集的收益可能在整合项目集输出后立即实现，而在其他情况下，收益可能在项目集结束和项目集团队解散后很长一段时间才得以实现。在整个项目集中或项目集结束后，收益会逐步实现。

项目集的输出、成果及其产生的收益应过渡到正在进行的运营中，包括伴随的运营风险、资源、培训和工作件，然后进行跟踪以维持收益。过渡工作是该项目集范围的一部分。如果没有适当且有效的收益实现管理，项目集可能实现其成果，但无法实现战略目标。

项目集在其整个生命周期中的成果所产生的收益应该证明投入资源的合理性。通常，这些收益是主动规划的，也是项目集获得组织发起的基础。然而，收益实现管理的思维方式和方法应具有适应性。这种方法可能导致终止或修改不会带来收益的组件，或者为了实现整体收益而启动新的规划外组件。

只有在完成战略合理性论证并达成一致意见后，才能启动项目集。应向所有干系人和受益人明确说明和量化预期收益。这一行动非常重要，因为在整个项目集管理过程中，积极规划和跟踪收益可指导分析和决策。在项目集的生命周期中，需要对输出及其成果进行管理，有时需要进行整合，以实现整体收益。

关键干系人和适当的受益人应就规划收益达成一致。大多数收益都是在项目集早期识别的高阶收益，然后在整个项目集生命周期中逐步细化。应通过项目集工作件（如业务论证、收益实现计划、项目集/组件章程、项目集管理计划、项目集路线图）来分析、获取和传递这些收益。然后，对这些工作件（作为项目集管理的一部分）进行评估和更新。此外，应定期核实任何收益实现的工作件，以确保其与组织战略保持一致。这种与组织战略的一致性将使项目集和组织能够有效地跟踪实现规划收益的进展。

收益实现使项目集风险管理的重心从控制转向平衡。收益实现需要平衡整个项目集的风险，以获得项目集的整体收益，但不一定减少对单个项目集组件的威胁。

收益实现的成功需要适当的治理和充足的资源分配。收益实现管理需要充足的资源，并在明确的治理结构内工作，以正确地识别负责管理并实现既定和预期收益的责任人，授权他们执行这项工作。这种治理结构还要求并确保项目集的输出、成果和由此产生的收益以及伴随的风险、资源、培训和工作件能够顺利过渡至运营。

在项目集生命周期中或之后，收益实现在收益维持过程中达到顶峰。在项目集范围内，提供实现和跟踪收益维持所需的"动力"（流程、测量、度量衡、工具），这些"动力"在持续运营和项目集收尾后都会发挥作用。

2.3 协同

协同是众所周知的有益概念，但实现它需要运用领导力和管理技能，以优化项目、项目集和项目组合，以及整个企业的原则和领域。核心概念是团结一致，创建一致的项目集组件结构和需求，从而通过平衡有效性和效率来优化收益。协同工作应与受益人和项目集策略保持一致，并能进一步推动项目集收益的实现（见图 2-5）。

协同

对组件的复杂性和依赖关系进行持续评估和处理，以实现项目集的整体优化，从而创造单个组件无法创造的更多价值。

- ▶ 使用结构化或敏捷的方法，混合项目管理和项目集管理的良好实践，使项目集能够完成单个组件无法完成的更多工作。
- ▶ 以优化整个项目集为目标，推动对单个组件的变更，包括创建新组件、取消组件和变更运行中的组件。
- ▶ 创造适当的条件，确保拥有良好的文化氛围，使项目和项目集协同发展。
- ▶ 持续评估和处理组件的复杂性，以实现项目集的整体优化。
- ▶ 将项目集组件与项目集管理计划、容量、能力和绩效域的工作对齐，以更好地实现目标。

图 2-5　协同原则

协同原则驱动预测型、适应型或混合方法，为项目和项目集管理绩效域提供信息，使项目集能够实现单个项目集组件无法实现的更多成就。这种成就可能涉及有效性、效率、回收期等与实现项目集战略目标相关的因素。协同原则应驱动对单个组件的变更，以优化整个项目集为目标，在组件之间保持一致，包括（但不限于）创建新组件、取消组件和变更运行中的组件。协同有助于创造适当的条件，确保在组织和项目集层面具备必要的"动力"，以形成一种促进所有项目集管理原则和绩效域协同发展的文化。

根据《PMBOK®指南》[1]，项目被定义为"为创造独特的产品、服务或结果而进行的临时工作"。同时，项目集被定义为"以协调的方式管理相关项目、附属项目集和项目集活动，以获得单独管理它们所无法获得的收益"。项目集旨在联合相关工作，创造比项目集组件的总和更多的收益，或者加强对它们的控制。项目集团队可以创建、管理和维护组件的集成时间表，如果不能在项目组合层面完成，则需要从启动到战略目标实现的整个过程对项目集组件进行构建。

在项目集管理中，可以在项目组合、项目集和项目层面的原则和绩效域的一个或多个组件内主动寻求或被动产生协同效应。跨项目组合、项目集和项目结构的几个原则和绩效域，包括干系人参与、风险（不确定性）、战略一致和生命周期管理，可以通过协同原则得到加强。协同原则可以进一步优化项目层面的成果、项目集层面的收益和项目组合层面的价值，尤其是当项目组合的独特能力和容量域在项目集层面应用协同原则时。当项目集不在项目组合管理结构内时，这一点可能至关重要。

在不同能力和容量之间（或内部）展示协同效应，可能包括开发跨项目集组件的共享能力，这种能力以前可能在组织内部并不存在。这种共享能力反过来可能增加容量、降低成本、提高质量、提高合规性，并进一步开发可重复使用的能力。这些工作可以在项目组合或项目集层面执行，其中，来自项目组合的治理可能受限，或者领域的绩效管理已被委托给项目集。

协同原则在战略和收益方面的应用可能包括将与一个或多个战略目标相一致的相关收益进行合并，这些目标贯穿项目和项目集或项目组合的其他组件。协同效应可能是以更具资源效率的方式（降低成本、减少人员或缩短时间）交付这些收益的共同点，通过集中精力提高绩效，加强对组件的控制，或者创造实现该项目集的战略目标所需的临时价值。同样，协同效应也可能是被动的，而不是主动的，在这种情况下，某些收益的交付或实现会导致新的战略（竞争）优势或目标，而这些优势或目标不是以前设想的或主动规划的。

在风险或复杂性领域的协同表现为，能够更好地应对负面风险或不确定性，或者能够利用复杂结构和关系（例如，在项目集组件、资源、人员或项目集外部/内部情况之间）所带来的机会。风险或其表现形式也可能导致丧失协同效应及其对项目集的影响，无论是暂时的还是永久的。

协同对干系人的好处可以包括：改进协作、互动、合作和沟通，这可能产生优势，例如，发现战略共性或减少沟通开销，以及降低情境复杂性。

需要注意的是，协同可以发生且应该发生在组件层面的项目集组件之间，但也可能发生在一个组件的组成部分和另一组件的组成部分之间。

2.4 团队的团队

团队的团队原则描述了集成的团队结构，它在产品和流程之间创建了关系网络。这个网络是垂直和水平连接的，形成了允许共享策略和授权执行的结构。结果：在面对复杂性和不确定性时具有适应性和弹性（见图 2-6）。

团队的团队

团队的团队是集成的团队结构的特征，它创建了产品和流程之间的关系网络。

垂直和水平连接的团队网络形成了一种结构，允许共享策略和授权执行的结合，从而在面对复杂性和不确定性时具有适应性和弹性。

▶ 利用适当的领导风格、技术和网络工具来有效和高效地管理项目集及其组件。

▶ 团队领导者，无论是由高级经理或高管任命的，还是由团队成员选择的，都应该在团队的团队框架内展示领导原则。

▶ 团队的规模应该保持在合理的范围内。

图 2-6　团队的团队原则

团队结构是组织治理体系的关键方面，而组织治理体系本身也是价值交付的关键。在项目层面，团队的团队原则能培养协作的项目团队环境。团队的基本原理——如项目层面概述的协议、结构、流程等——也适用于项目集或项目组合层面。团队的团队原则还涉及与负责产生影响业务成果的项目可交付物的个人相关的活动和职能。更多相关信息，见 PMI 出版的《选择你的工作！规范敏捷方法，以优化你的工作方式》[15]。

项目集经理领导团队的团队以实现项目集目标。他们确保了整体的项目集结构和应用的项目集管理过程，使项目集团队及其组件团队能够成功地完成工作，并交付预期的收益。

如本节前面所述，团队的团队应设计成集成的团队结构，以建立跨产品、流程活动和可交付物的关系网络。这种可以垂直和水平连接的团队网络实现了共享策略、任务执行的有效性，并在面对最复杂、最不确定的情况时展现更好的适应性和弹性。这种增强的灵活性使团队能够随着项目集组件活动的发展，灵活调整工作重心并重新配置团队网络。

应该为项目集团队的团队结构制定策略，通过定义和未定义的项目集工作小组来实现沟通，提高透明度并授权执行。这些行动通过项目集和组件的工作分解结构（Work Breakdown Structure, WBS）所定义的边界来提供明确的领导和管理权限，包括团队动态管理方法，如责任分配矩阵（Responsibility Assignment Matrix, RAM）和负责、落实、咨询和知情（Responsible, Accountable, Consulted, and Informed, RACI）矩阵。

项目集管理信息系统是成功实现完全集成的团队结构的关键工具，组织文化应该允许项目集团队正确地使用它。在复杂的工作中，如项目集管理，做正确的工作来关注有效性和效率是至关重要的。团队的团队原则需要在确定结构时平衡有效性和效率。

管理项目集团队的团队是复杂的。领导者在组建团队时需要考虑的很多因素会不断演进和发展，并取决于组织的文化。

2.5 变更

有效管理项目集变更对于提高项目集在生命周期中以及在向组织运营过渡后的收益实现、交付和维持的效率至关重要（见图2-7）。

变更

管理项目集变更，以提高在项目集生命周期中以及在向组织运营过渡后的收益实现、交付和维持的效率。

- 使用结构化的方法进行变更，以帮助项目集管理团队、项目集及其组件应对内部和/或外部因素，这些因素可能影响项目集交付、实现、集成或过渡项目集收益的能力。
- 变更可能来自内部或外部的来源和影响。
- 变更的采纳需要在整个项目集及其组件中创造适当的条件并建立正确的文化。
- 变更应该以结果为导向，并根据项目集的战略目标和要实现的收益进行评估。
- 成功的变更管理的"动力"包括评估、采用和吸收、动机、参与和沟通、紧迫性和速度，以及拥抱风险。

图 2-7 变更原则

考虑到项目集的逐步细化性质，以及项目集可能存在的时间跨度，项目集结构、组件、项目集管理计划等将不可避免地发生大量变更。这种变更背后的最终动机应该是，确保项目集达到其目标，并交付预期收益，这些预期收益将通过该项目集定义的有效性和效率度量衡来度量。

变更可能来自内部或外部的来源和影响。内部来源可能涉及对新能力或协同的需要，以及对绩效差距、转型或容量变化的应对。外部来源可能包括技术进步、人口结构变化、合规要求或社会经济压力。此外，内部变更指的是项目集内部的变化，而外部变更指的是需要调整组织以利用项目集创造的收益。变更也可能来自已识别的风险或机遇。对于包含满足付费客户需求（商业项目）的组件的项目集，变更也可能源于对市场或客户需求变化的应对。变更的采纳需要在整个项目集及其组件和整个执行组织中创造适当的条件并建立正确的文化。

项目集需要使变更管理过程与项目集生命周期保持一致，并调动项目集各组件的干系人和资源。项目集接受并适应变更，以便在项目集的组件交付成果时，优化收益的交付。

与此同时，项目侧重于保持对变更的管理和控制，而项目组合则要持续监测更广泛的内部和外部的环境变化，并以整体价值为重心来拥抱变更。企业项目管理办公室（Enterprise Project Management Offices，EPMO）在各层级推动组织变革管理，包括项目集层级的变革管理。相比之下，项目组合的组织变革管理视角会根据组织的战略目标而变化，它不局限于任何特定的项目集。项目组合层级的变更可能修改项目集，导致项目集被取消或启动新项目集。

在项目集层级的变更管理需要在项目集生命周期的所有阶段进行组件过渡的变更管理，从定义到交付再到收尾。这种变更管理包括更改组件方向，还包括向项目集添加组件，取消或终止项目集组件。组件层级的变更管理是战术性的，影响可交付物，而项目集层级的变更管理是战略性的，影响预期收益的交付。变更管理因素包括：

- **定义**。识别项目集中的变更需要，评估变更准备情况，并定义变更方法。
- **分析**。在项目集和组件层级评估变更的影响。
- **交付**。做出与组件相关的决策并调动资源。
- **关闭**。确保所有项目集工作件都已得到更新，以使变更生效。

项目集主动使用变更管理，使组件和预期收益与组织战略和执行环境中的变化保持一致。项目集变更管理确定了变更的来源，如企业环境因素（Enterprise Environmental Factor，EEF）的易变性、建议的项目集业务论证的敏感性、组织战略的变化，以及在项目集交付过程中各组件可能产生变更的频率和规模。然后，项目集评估这些变更的影响，并提出适应这些变更的行动。因此，项目集塑造了一种文化，它鼓励包容变更和风险，而不是控制变更和风险。这种方法使项目集能够驾驭变更带来的复杂性，从而取得成功的成果。

2.6 领导力

通过展现项目集领导力来激励和团结项目集团队，利用项目集团队的活力、热情和愿景，以保持收益的交付节奏，并在整个项目集生命周期中与项目集策略保持一致（见图 2-8）。

领导力

激励、团结和领导项目集团队，使项目集愿景在整个项目集生命周期中与团队的工作和交付相一致，以实现预期的收益、价值和成果。

- ▶ 对项目集团队和其他干系人的观点表现出同理心。
- ▶ 为整个项目集团队营造信任和一致性的氛围。
- ▶ 促进协商并解决项目集团队内部以及项目集团队与其他干系人之间的冲突。
- ▶ 确保项目集的垂直支持和水平协调的一致性。
- ▶ 赋予每位组件经理权力和自主权，以便在项目集治理的限制范围内领导他们的项目。
- ▶ 培训和辅导项目集团队成员。适应领导风格，在项目集和组织中获得敏锐的政治悟性。

图 2-8 领导力原则

项目集领导力在整个项目集生命周期中与项目集管理相辅相成，其作用远不止于完成一些工作。它关乎与干系人共同构建既吸引人又与战略目标一致的未来图景，与干系人建立联系，吸引干系人参与临时性的工作以共同交付和实现项目集的收益。

项目集经理建立并维持及时、适当的项目集交付节奏，以使组织能够成功实现与战略保持一致的预期项目集收益。项目集领导力包括领导项目集团队，争取高级领导者，整合项目集工作，连接跨职能的相互依赖关系，主动识别风险，并充分实现项目集的收益。

项目集经理专注于建立和执行授权决策的机制，并在项目集治理的特定授权范围内工作。项目集治理创建了治理结构和实践来指导项目集。项目集治理还可以提供行政领导、监管和控制。项目集经理在这方面扮演着非常重要的领导者角色，建立了项目集的垂直支持和水平协调的一致性。

随着项目集领导力的环境日益复杂，项目集经理应该在项目集团队中建立有效的领导力，这些项目集团队可能存在地理、文化、组织和时区上的差异。有效的项目集基础设施（例如，针对全球项目集团队的视频会议系统）使项目集经理能够专注于领导项目集团队以实现所识别的收益。重要的是，要让组件经理能够自主地领导他们的项目团队。在项目集治理中，被授予的自主权需要高效和有效的项目集领导力。这种有效性反映了治理执行的强度，项目集经理对组件项目的干预越少，领导效果就越好，组件项目团队的士气也就越高。

为了影响项目集环境，项目集经理需要一定水平的情感、社交和认知智能来了解项目集团队的活力。情感智能是指我们识别自己和他人情绪的能力；可激励自己不断提高。利用我们的情感智能来引导我们的思想，激发热情，并展现出承担职责的意愿。对于项目集经理和整个项目集团队来说，情感智能是项目集成功的关键。领导者的积极自我意识具有层层扩散的效应，可将这些正能量传递至整个项目集，从而显著提高团队成员的承诺度和积极性。这是至关重要的，因为每位团队成员的智慧、技能、激情和经验都是成功的关键。

项目集经理应该有足够的自我认知，明白如果没有他人的影响和支持，他们无法亲自实现他们正在努力追求的任何成果。以价值为导向的领导方式不仅使项目集经理作为领导者更加真实可信，还有助于为整个项目集团队营造充满信任和一致性的氛围。如果没有对项目集团队的信任，项目集经理就无法将工作委托给组件经理，或者让他们有效且高效地自主交付项目集的组件项目。信任是项目集管理中有效协作的基础。信任有三种类型：人格信任、认知信任和制度信任。一致性同样重要，并且应该将其渗透至所有决策制定、度量衡设定、绩效评价等管理过程。项目集管理的领导风格需要因势而变，重点是管理人际关系和解决冲突，以提高团队士气和实现项目集收益。

项目集经理应意识到并建立人际关系（将其作为实现绩效的途径），投入足够的时间，专注于项目集团队成员和工作氛围。赢得人心和启发思维是关键，这能确保人们觉得自己是项目集团队不可或缺的一员。具有共享工作的广泛目的，以及使人们能尽其所能并不断提升专业能力的领导风格，将进一步激励他们，并营造团队和个人可以持续发展与成长的环境。

为了带领整个项目集团队取得成功，项目集经理应该具备以下七种人际交往/个人能力：

◆ **同理心**。这是项目集经理体验他人的感受并敏锐洞察其需求的能力。同理心涉及感知他人的情绪，处理他人的观点，庆祝他人的成功，建立和谐的人际关系，并与各种项目集干系人和谐地工作。

◆ **尊重**。项目集经理应该能够体谅他人，重视他人为项目集所做的贡献，欣赏他人的技能和工作成果，并及时承认和感谢他们。

◆ **勇气**。勇气意味着需要克服挑战和战胜恐惧。项目集经理需要勇敢地带领由不同个人组成的团队，通过尝试新事物和寻找新的工作方式来应对挑战。凭借这种勇气，项目集经理将更有信心来面对不确定性，挑战现状，并找到新的前进道路。勇气具有感染力，能给整个项目集团队注入正能量。

- **政治悟性**。项目集经理应该明白，政治是项目集管理的行为方面，应该被管理，以实现项目集的成功。项目集经理应该具备政治悟性，敏锐洞察最有影响力的项目集干系人的利益，并以正直诚信的行为展现良好的判断力。重要的是，项目集经理既要对组织有深刻的理解，又要有必要的政治悟性，以建立牢固的关系，从而有效借助和影响关键的项目集干系人。
- **合作**。对于项目集经理来说，必须与组件经理合作，打破竖井，促进团队内部的积极参与，协商并解决项目集团队内部以及与其他干系人之间的冲突，并就如何克服项目集进展中的障碍达成共识。
- **启发**。项目集经理需要良好的启发技能，帮助众多的项目集干系人，如组件经理，以进行有效的沟通和协作。启发的核心技能包括能够在团队成员之间提出不同的意见和观点，以设置讨论和协作的边界，并总结和提炼细节，使其成为有用的信息和策略。
- **影响力**。成功的项目集经理所具备的影响力特质包括善于与他人互动，全面评估信息和行为而不带有个人偏见，以及有效地传达他人的观点，以改变意见或行动方向。项目集经理需要通过有效的沟通来影响决策，并激励项目集团队，团结项目集团队，使他们协同工作，从而维持项目集的整体交付速度。

项目集领导力与项目集管理相辅相成。项目集经理通过发挥强大的领导力来确保项目集治理的有效性，并保持正确的节奏来交付和实现项目集的收益。通过上述七种能力，项目集经理可以加强关系和解决冲突，以激励组件经理更好地领导他们的团队。

2.7 风险

风险是不确定的事件或条件，如果它发生，会对一个或多个项目集目标有积极或消极的影响。风险可以对项目集产生积极的影响和消极的影响。消极风险，通常被称为威胁，会影响项目集的实施和收益的实现。积极的风险，通常被称为机会，有助于促进有效且高效的项目集实施并增加实现的收益（见图 2-9）。

风险

在整个项目集生命周期中主动管理项目集风险，以实现与战略目标相一致的收益，并跨不同的项目集组件构建风险应对计划。

- ▶ 确保项目集的风险阈值与组织的风险偏好相一致。
- ▶ 在整个项目集生命周期中识别和评估风险。
- ▶ 实施基准测试的实际应用。
- ▶ 有效管理项目集组件的依赖关系。
- ▶ 持续解决整个项目集中与业务可行性相关的风险。

图 2-9 风险原则

由于相关组件群组及其相互作用之间的关联，项目集本质上是复杂的。项目集的复杂性包括技术和社会政治因素、进度和成本约束，以及项目集所处的更广泛的管理环境。

因此，在整个项目集生命周期中主动管理项目集风险至关重要，这有助于实现与战略目标相一致的收益，并跨不同的项目集组件构建和实施风险应对计划。

执行项目集是为了实现收益并达成组织的战略目标。有效的风险管理策略对于确保项目集与更广泛的组织战略相一致是至关重要的。因此，在设定项目集风险阈值时，应考虑组织的风险偏好，这是对组织接受和处理风险的意愿的评估。

风险识别和风险分析是在整个项目集生命周期中持续进行的工作。在该过程中，应考虑两个主要因素：

- 在项目集的生命周期中，可能遇到的风险及其在传统的时间和成本视角下对实现项目集目标的影响。
- 在项目集实施期间和项目集过渡后可能影响收益实现的风险。

在风险识别和风险分析过程中，防范乐观偏见很重要，它是"合理正确性"的子集。这种偏见是指以乐观或积极的方式预测未来事件的倾向。在项目集规划过程中，这种偏见忽略了应以结构化的方式来识别和评估风险。规划者应该认识到，大多数项目集遇到延误和成本超支是常见的。可以通过对比其他项目集中的风险基准，来减少乐观偏见。这将有助于识别之前项目集的规划与实际之间的差异，并据此设定更合理的期望。

项目集成功的关键在于，管理项目集的风险、这些风险在项目集组件中的相互依赖关系，以及这些风险对项目集总体收益实现的影响。项目集路线图有助于识别项目集组件的交互，而项目集接口和集成则揭示了重要的接触点。早期关注组件之间的依赖关系和接口及其各自的复杂性对于项目集的成功至关重要。在考虑项目集的复杂性时，风险评估应同时涵盖人类行为和系统行为，并相应地调整依赖关系。

创建项目集是为了实现收益。尽早解决风险是必要的，也是一种积极主动的做法，请记住，总会存在不确定性，并且不确定性总会在项目集中出现。组织的风险偏好将指导项目集管理方法来管理风险，以实现业务可行性。这种风险管理方法可以通过在项目集执行期间管理战略风险陈述来实现，并可以通过重新规划项目集方法和收益实现的基准来设定预期。

项目集收益的实现并不局限于项目集的实施，这意味着项目集风险管理活动应将识别的风险、相关的分析和应对信息转移至适当的组织风险登记册。这项任务可能由不同的组织团队管理，如 EPMO 或组织项目集管理办公室，而非直接负责实现收益的团队。

2.8 治理

项目集治理包括框架、功能、流程和工具，通过它们来监测、管理和支持项目集，以实现组织的战略和运营目标。治理的关键方面是建立框架，在这个框架内，明确每个职位的职责和责任，以及决策级别，以实现项目集及其组件的有效且高效的交付（见图2-10）。

治理

项目集治理确保了项目集得到适当的管理。

- ▶ 实现透明，保持职责、责任、可持续性和公平。
- ▶ 与政策、监督、控制、整合和决策相结合。
- ▶ 遵循组织和项目组合的治理实践。
- ▶ 管理问题和风险，以支持决策。
- ▶ 监督项目集组件进展的变化，以消除随意性，并在整个组织中建立标准化的项目管理实践。
- ▶ 治理的尺度应该适合项目集的需要。

图 2-10　治理原则

项目集治理的重点是，通过建立体系和方法来交付项目集收益，通过这些体系和方法，由发起组织定义、授权、监测和支持项目集及其策略。项目集治理框架如果设计得当，可以提供有效决策的实践，同时也可以管理项目集组件进展中的变化。

治理原则可归纳为以下特征：

- **透明**。允许访问相关的项目集信息，同时保持所有项目集要素的职责、责任、可持续性和公平，并为关切的问题提供沟通平台或发声渠道。
- **监管**。保留对与项目集相关的政策、控制、整合和决策的监管，同时指导和推广可取的行为，以确保获得成功和预期成果。
- **合规**。创建框架，以确保项目集得到适当的管理，遵循组织的治理实践，并遵守所有项目集都应该遵守的法规或框架。
- **弹性**。管理风险；监督支持决策的影响、问题和风险；并将组织的弹性作为治理功能进行维护。
- **自适应**。在战略层面上管理变更，并在组织内现有的标准化项目管理实践和治理框架内监督项目集组件的进展变化。

治理发生在项目集生命周期中的所有阶段。拟议的项目集将被提交给治理团队，以进行批准、注资和授权。在保持项目集战略一致的过程（从项目集启动到项目集生命周期结束）中，应尽可能在项目集治理框架内执行和控制管理过程（包括识别和量化环境因素、成果和收益，以及识别和管理项目集风险）。

项目集治理可通过评审与决策小组的行动来执行，该评审与决策小组负责认可或批准在其授权范围内的有关项目集的建议。然而，按照"大多数项目集，大多数时候"的原则，大多数项目集将必须应对多个治理主体，而不是一个执行所有治理功能的主体。

项目集经理负责监督或协调治理体系或机构，同时管理项目集的日常活动。项目集经理还应与治理主体合作，以确保项目集始终与组织战略保持一致。项目集经理应确保项目集团队理解并遵守治理程序和基本的治理原则。

治理的概念不应只局限于对项目集的顶层监管。当问题或关切被升级时，它们通常由监督并监测治理框架、流程和实施的个人来处理，包括项目集经理。因此，治理还应成为处理重要、不断升级或高优先级问题的平台或发声渠道。这些关切可能涉及社会问题、职场文化规范等，它们都可能对组织或项目集产生影响。

第 3 章

项目集管理绩效域

项目集管理绩效域是相关活动或功能的互补性群组，在项目集管理工作的整个范围内，可将一个绩效域中的活动与其他绩效域中的活动进行独特的表征和区分。

本章包括：

3.1 项目集管理绩效域的定义

3.2 项目集管理绩效域的交互

3.3 战略一致

3.4 收益管理

3.5 干系人参与

3.6 治理框架

3.7 合作

3.8 生命周期管理

在所有项目集管理阶段,项目集经理积极开展多个项目集管理绩效域的工作。通过合作(见第 3.7 节)优化项目集管理绩效域之间的交互,如图 3-1 所示。

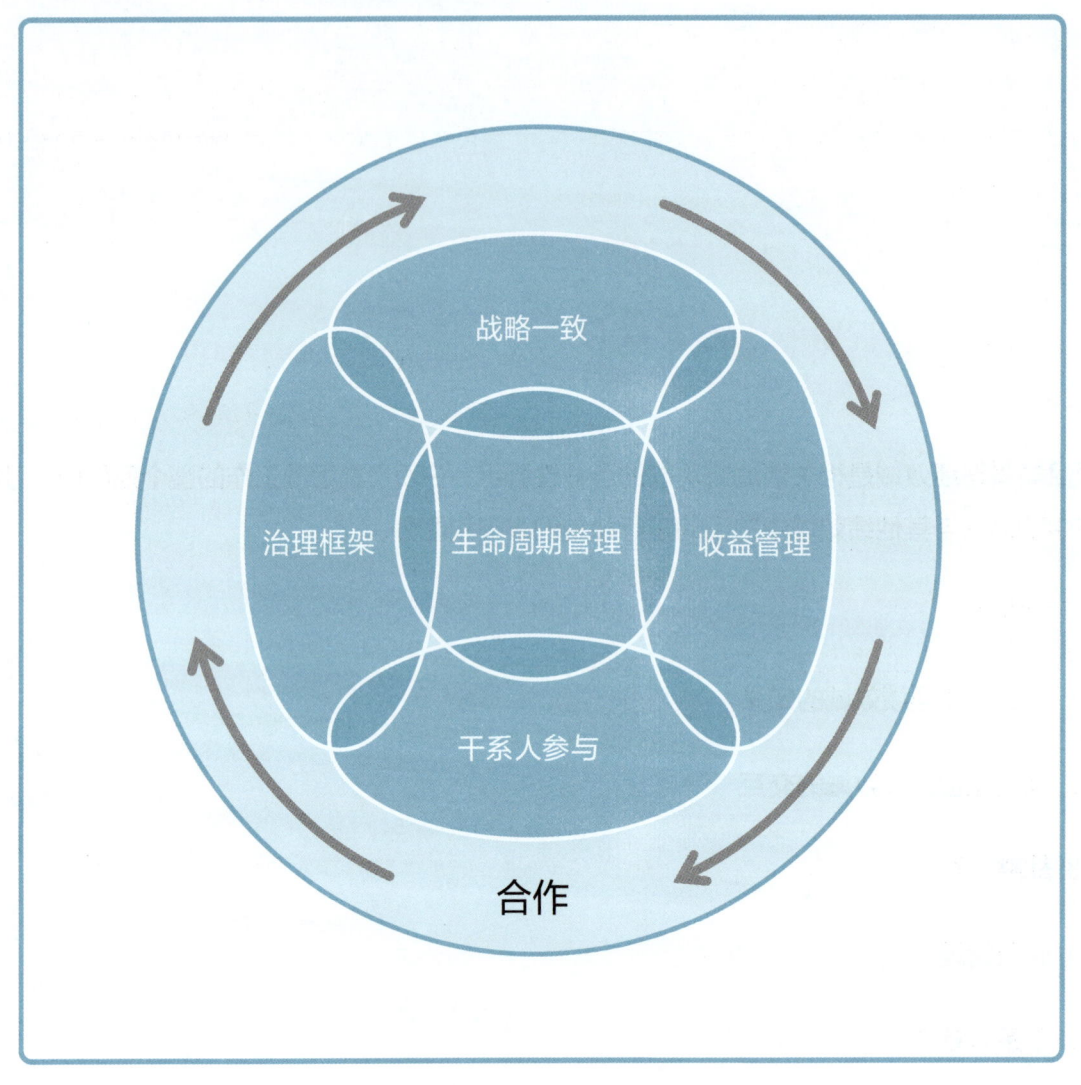

图 3-1　项目集管理绩效域

3.1 项目集管理绩效域的定义

组织启动项目集的目的是，交付收益并实现影响其运营的商定成果。项目集以协调的方式管理相关项目、附属项目集和项目集活动，以获得单独管理它们所无法获得的收益。项目集目标的实现依赖于项目集经理的行动、指导和领导力，项目集经理应在6个项目集管理绩效域内努力落实项目集管理原则。总之，这些原则和绩效域对项目集的成功至关重要。项目集管理绩效域包括：

- **战略一致**。确定项目集的输出和成果，以提供与组织战略目标和任务相一致的收益。
- **收益管理**。定义、创建、优化、交付和维持项目集提供的收益。
- **干系人参与**。识别和分析干系人的需要，管理期望和沟通，以赢得干系人的支持。
- **治理框架**。用于实现和执行项目集决策，建立支持项目集的实践，维护项目集监管，并确保符合标准和法规。
- **合作**。在内部干系人与外部干系人之间创建并维系协同效应，以优化收益的交付和实现。
- **生命周期管理**。管理项目集生命周期和所需的各个阶段，以推动项目集的定义、交付和收尾工作。

这些绩效域在项目集持续时间内并行运作。项目集经理和项目集团队在这些绩效域内执行活动。在整个项目集生命周期中，所有项目集都需要在每个绩效域内开展一些活动（见第3.8节）；项目集的本质和复杂性决定了在任何特定时间点某个特定绩效域所需的活动程度。这些绩效域内的工作本质上是迭代的，并且需要经常重复进行。每个绩效域的内容在本标准的对应章节中都有详细描述。

3.2 项目集管理绩效域的交互

如图 3-1 所示，所有项目集管理绩效域在整个项目集过程中彼此交互，应通过有效且高效的合作进行优化（见第 3.7 节）。然而，当组织执行类似的项目集时，绩效域之间的交互也可能是相似且经常重复的。在所有 6 个绩效域之间，存在着不同程度的交互。在实施项目集期间，项目集经理应把时间花在这些绩效域上。无论组织的规模、行业或业务重点和/或地理位置，项目集经理的重要工作都是，在这些绩效域中准确地反映组织更高层级的业务功能。

项目组合、项目集和项目中的绩效域相互关联，也相互作用。如前所述，当项目不受项目集/项目组合的治理时，或者当项目集不由项目组合治理时，项目集经理或项目经理应考虑广泛的领域功能，以应对他们在领导和管理过程中所面临的挑战。

3.3 战略一致

战略一致是识别项目集输出和成果以提供与组织目标和任务相一致的收益的项目集管理绩效域。

本节内容包括：

3.3.1 项目集业务论证

3.3.2 项目集章程

3.3.3 项目集管理计划

3.3.4 环境评估

3.3.5 项目集风险管理策略

3.3.6 与项目集管理原则和其他项目集管理绩效域的交互

设计项目集是为了符合组织战略并促进组织收益的实现。为达到这个目的，项目集经理需要彻底理解项目集将如何满足项目组合，以及组织的战略、目标和任务，并拥有使项目集与组织的长期愿景保持一致的技能。

在制定组织战略时，通常会有一个项目集（项目）的初始评价和筛选过程（这个过程可能是正式的或非正式的），以帮助组织确定应批准、否决、延迟哪些项目集（项目），并以此作为组织项目组合管理实践的一部分。

在项目和项目集管理上成熟度越高的组织，越倾向于建立正式的流程（如项目组合评审委员会或指导委员会）来选择项目集。任一决策主体都可能发布项目集章程，该章程定义了项目集的战略目标以及该特定项目集将交付的预期收益。项目集章程是由发起人签署的正式文件，授权项目集团队使用组织资源执行项目集，并将项目集与组织的战略目标连接起来。项目集章程还规划了向负责治理的个人或团体提交的拟议项目集的范围和目的，以获得批准、资金和授权。项目集章程确保了组织对资源投入的承诺，并触发了项目集的规划阶段。

在项目经理领导和指导其项目工作的同时，项目集经理的职责在于确保各个项目管理计划与项目集目标和预期收益保持一致，从而促进协同，实现组织的战略目标和任务。图 3-2 描述了组件的战略一致。

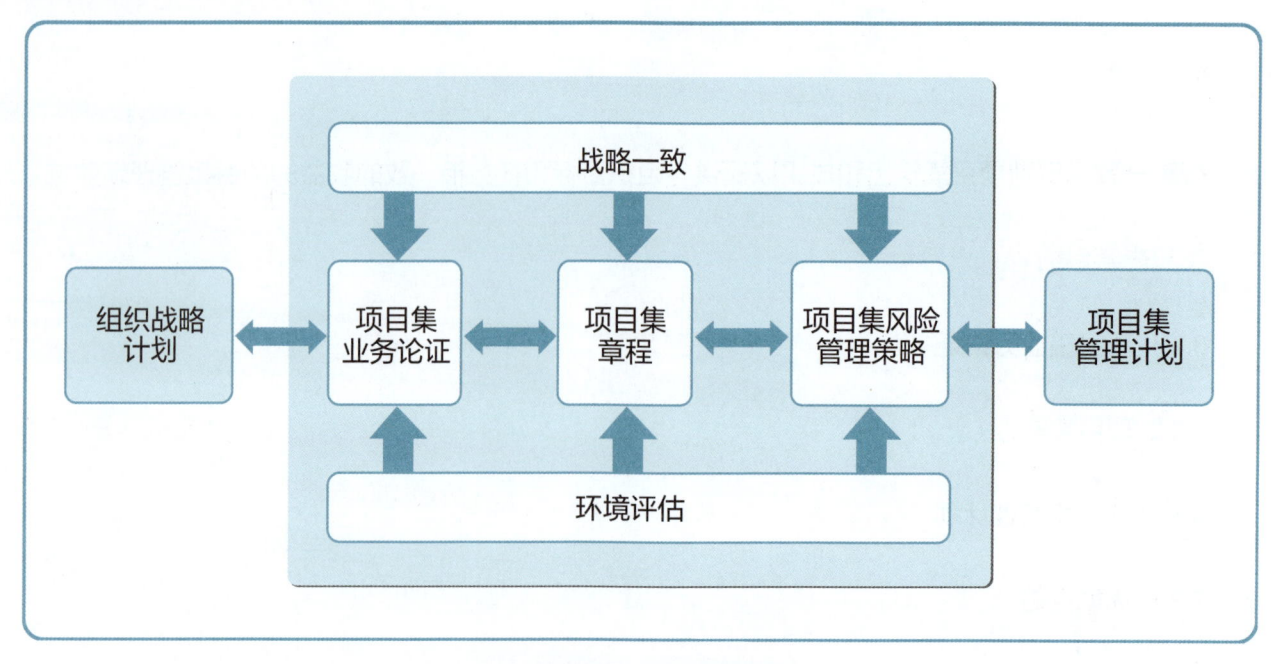

图 3-2　战略一致绩效域的要素

项目集战略一致从开发项目集业务论证开始。记录在案的成本收益分析用于确定项目集所提供收益的有效性。除了金钱，收益可能包括工具、新方法、合格供应商的扩充和其他条目。项目集业务论证可能包括相关的分析，通过定义项目集的预期成果如何支持组织的战略目标和任务，来证明项目集的必要性。除了确定潜在项目集收益的有效性，项目集业务论证还可作为项目集章程和随后的项目集管理计划的输入。这三份文件的建立是项目集构建活动的一部分（见第 3.8.1.1 节）。

从执行项目集构建子阶段开始，项目集战略一致的流程就已启动，直到项目集生命周期结束。在此期间，在治理框架内执行和控制管理过程（包括识别和量化环境因素、成果和收益，以及识别和管理项目集风险）。当发现不一致时，应重新更新项目集管理计划或组织的战略目标和任务以确保一致性。该活动可能出现在研究过程中，当项目集的结果表明既定的研究路径难以成功时，组织会据此调整其战略（在某些情况下，不一定会取消或终止该项目集），以更好地利用该项目集的结果。

3.3.1 项目集业务论证

组织制定战略来描述如何实现愿景。创建或更新组织的战略目标和任务（应将其记录在组织的战略计划中），标志着战略规划周期的结束。组织的愿景和使命是组织战略规划周期的输入，它们贯穿于整个战略计划之中。可将组织的战略计划分解为一系列项目集（或项目），这些项目集（或项目）同时也受市场动态、客户和合作伙伴的要求、股东、政府法规、组织的优势和劣势、风险敞口，以及竞争对手的计划和行动的影响。在既定的时间周期内，还可以将这些项目集（项目）编组为项目组合。

通常，作为治理实践的一部分，需要根据项目集是否符合组织的战略计划，以及是否支持战略计划的完成，来正式地评估、遴选、授权项目集。为了便于对齐和设定目标，会进一步将组织的战略计划细化为一系列的具有可测量要素（如产品、可交付物、收益、成本、时间等）的目标和任务。把项目集与组织的战略计划关联起来的目的是，规划和管理好项目集，以帮助组织实现其战略目标和任务，并在实现价值最大化的同时合理配置组织的资源。这需要通过业务论证来实现。在项目集定义阶段，项目集经理与主要发起人、干系人合作开发业务论证。业务论证的建立是为了评估项目集的投资和收益。项目集业务论证可以是基础的和框架性的，也可以是翔实的和综合性的。它通常描述了可用于评估项目集预期目标和约束条件的关键参数。

业务论证可能包括项目集的成果、批准的概念、问题、高阶的风险与机会评估、关键假设、业务与运营的影响、成本收益分析、替代解决方案、财务分析、内在与外在收益、市场需求或障碍、潜在利润、社会需要、环境影响、法律影响、上市时间、约束条件以及项目集与组织战略计划一致的程度。业务论证描述了项目集驱动因素背后的意图和授权，以及业务需要的基本理念。它既是对项目集将交付与组织战略保持一致的收益的投资批准，也是对其的证明。

在项目集获得特许之前，业务论证是文件交付物之一，可以视业务论证为投资决策的主要依据文件。业务论证也描述了在整个项目集期间需要遵循的成功标准。计算项目集的实际成果与规划成果之间的差异，以衡量项目集是否成功。

在业务论证中确定的衡量成功的标准涉及无形（或非有形）收益。这些是项目集计划产生的收益，但可能不以金钱为单位来衡量，如品牌知名度、法规遵从性或增强的客户体验。组织应努力监测这些无形收益（有关收益管理的更多信息，见第 3.4 节）。

业务论证一旦获得批准，就明确了为实现组织战略目标的组成部分所需的投资。在批准的业务论证以外的任何支出都意味着对战略的偏离，代表着不一致。治理框架绩效域（见第 3.6 节）的职责是确保此类偏离不会发生。

3.3.2 项目集章程

在批准业务论证后，项目集指导委员会或指定机构（见第 3.6.2.2 节）通过项目集章程来授权项目集。项目集章程源于业务论证，是一份任命和授权项目集经理的文件，定义了提交给治理机构以获得批准、资金和授权的拟议项目集的范围与目的。

项目集章程的关键要素包括项目集范围、假设、约束条件、高阶风险、高阶收益及其实现、目标和任务、成功准则、时机、关键干系人、成果、资源分配以及将项目集与业务论证联系起来的其他条款，这些内容保证了项目集的战略一致性。项目集章程通常包括以下内容：

- **正当理由**。项目集为什么重要以及项目集将实现什么？
- **愿景**。最终的状态是什么，以及它如何让组织获益？

- ◆ **战略一致性**。关键的战略驱动因素是什么，项目集与组织战略目标和其他正在进行的战略项目集（或项目）的关系是什么？

- ◆ **范围**。包含在项目集内和不包含在项目集内的高阶范围是什么？

- ◆ **收益**。为实现项目集的愿景和收益，需要什么样的关键收获？

- ◆ **收益策略**。确保规划的收益得以实现的方法是什么？（有关项目集收益管理的详细信息，见第 3.4 节。）

- ◆ **假设和约束条件**。假设、约束条件、依赖关系和外部因素是什么？它们是如何形成的，或者它们是如何限制项目集目标的？

- ◆ **组件**。如何配置项目和其他项目集的组件以交付项目集和预期的收益？

- ◆ **风险和问题**。最初发现的风险、机遇和问题是什么？

- ◆ **时间线**。包括所有关键里程碑日期的项目集总历时是多少？

- ◆ **所需资源**。估算的项目集成本和资源需要（员工、培训、交通等）是什么？

- ◆ **干系人考虑事项**。谁是关键干系人，以及争取他们的初始策略是什么？这种信息有助于制订沟通管理计划。（有关干系人参与的详细信息，见第 3.5 节。）

- ◆ **治理框架**。推荐用何种治理结构来管理、控制和支持项目集？推荐用何种治理结构来指导和监督项目集组件（包括报告需求）？项目集经理拥有什么样的权利？如何在项目集治理计划中更新这些信息？（有关治理框架的详细信息，见第 3.6 节。）

项目集章程正式表达了组织的愿景、使命和项目集预期产生的收益；作为对业务论证的支持，它还明确了与组织战略计划相一致的特定项目集的目标和任务。除了为项目集经理提供在项目集执行过程中管理和监测这些项目集组件的框架，项目集章程还赋予项目集经理领导其他附属项目集、项目和相关活动（这些活动将被启动）的权力。项目集章程是一份用来度量项目集成功的关键文件。它还应当包括项目集成功的度量衡、度量方法以及项目集成功的清晰定义。

3.3.3 项目集管理计划

项目集管理计划是一份文件，汇总了项目集的附属计划，确定了整合并管理项目集各个组件的管理控制措施和总体计划。在规划项目集时，项目集经理需要分析关于组织战略目标和任务的可用信息、内外部影响、项目集的驱动因素以及干系人预期通过项目集实现的收益。项目集应清晰定义期望的成果、所需的资源，以及在组织内交付变更以实施新能力的策略。

项目集管理计划概述了主要的项目集事件，可用于规划和制订更详细的进度计划。项目集管理计划还反映了通过交付能力来实现收益的节奏，并将其作为过渡和整合新能力的基础。项目集管理计划应不断得到更新，以应对项目集的内部和外部环境，以及项目集生命周期的变化。

项目集路线图（见图 3-3）是项目集管理计划的主要组成部分，它按时间顺序排列以显示项目集的预期方向，并用图形化的方式描绘主要里程碑与决策点间的依赖关系，同时也反映出项目集工作与组织战略间的联系。

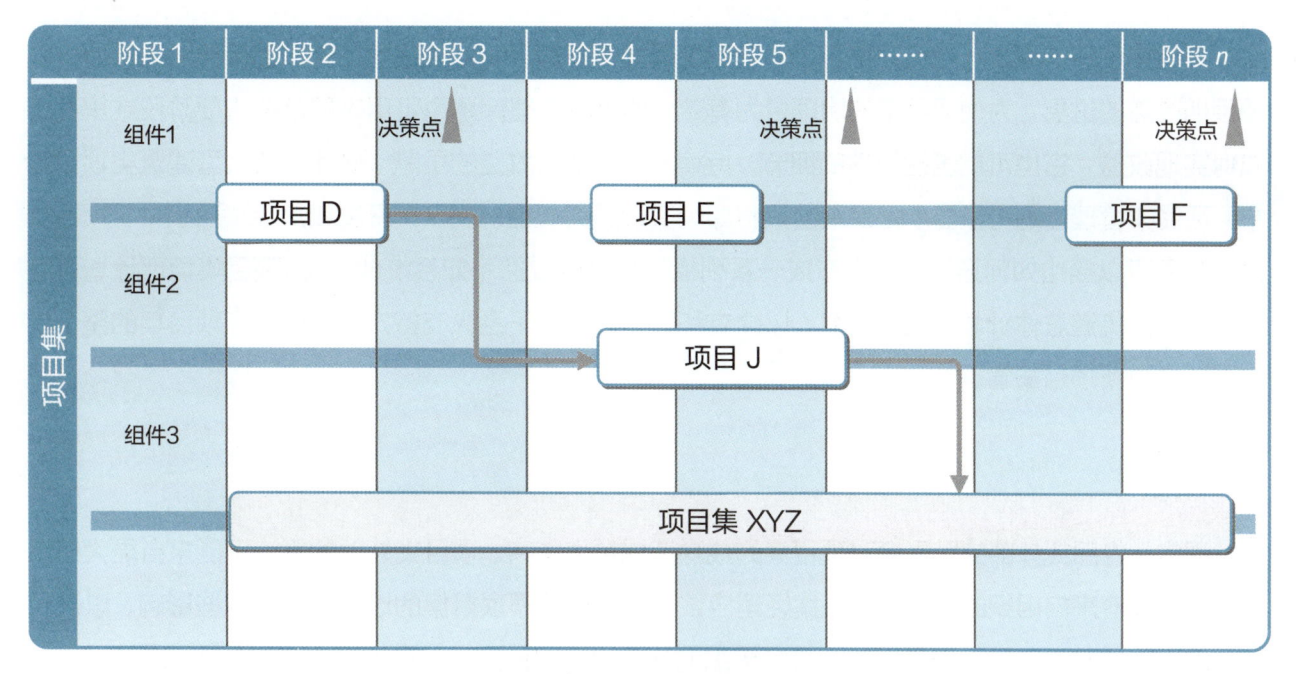

图 3-3 项目集路线图示例

项目集管理计划的内容通常包含以下信息：

◆ **战略一致性**。战略目标与项目集组件之间的联系。

◆ **高管所有权**。落实收益实现的团体或个人。

◆ **关键里程碑**。决策和交付收益的重要节点或事件。

◆ **组件列表**。附属项目集、项目以及与项目集相关的活动。

◆ **组件信息**。组件名称、计划期间（开始和结束）以及目标成果/收益。

◆ **依赖关系**。项目集组件与收益之间的联系可创造协同效应。

◆ **收益实现期**。随着时间的推移，收益得到充分实现的阶段。

◆ **收益过渡和维持期**。将收益从项目集过渡到运营层面的阶段。

项目集管理计划是一个宝贵的工具，它不仅有助于管理项目集的组织工作，而且能评估项目集实现预期收益的进展。为使项目集的治理更为有效，项目集管理计划也可用来展示在主要阶段或里程碑如何实现收益；它也可能包括组件的细节、持续时间以及对收益的贡献。例如，在大型建筑类项目集中，项目集管理计划可以显示各建筑阶段将如何实现最终收益。在系统开发和产品项目集中，项目集管理计划可以描绘如何通过增量发布或一系列模型来交付收益（如系统能力）。项目集管理计划可用来向干系人传递总体计划和收益信息，以建立和保持有效的干系人支持方式。可以在项目集的整个生命周期中更新项目集管理计划。

3.3.4 环境评估

通常，内部或外部的因素会对项目集的成功造成重大影响。项目集外部的影响可能来自更大组织的内部，或者来自组织的外部。项目集经理应该识别并在管理项目集的过程中考虑这些影响，以确保与干系人达成共识，确保项目集始终符合组织的战略目标和任务，并确保项目集的整体成功。

3.3.4.1 企业环境因素

项目集之外的企业环境因素（EEF）可能影响项目集的选择、设计、注资和管理。企业环境因素是指团队非直接控制的但对项目、项目集和项目组合有影响、限制、指导意义的条件。应根据企业环境因素对组织战略目标和任务的支持程度来选择项目集并确定优先级。然而，为应对企业环境因素，组织可能改变战略目标，当发生这种情形时，组织方向的改变可能导致项目集的方向不再符合组织修订后的战略计划，那么不论之前的绩效如何完美，项目集都可能被变更、推迟或取消。

企业环境因素包括但不限于：

- 业务环境。
- 不可抗力。
- 市场。
- 资金。
- 资源。
- 行业。
- 健康、安全和环境。
- 经济。
- 文化多样性。
- 地理多样性。
- 法规。
- 法律。
- 成长。
- 供应基地。
- 技术。
- 政治影响。
- 审计。
- 新的业务流程、标准和实践。
- 发现和发明。

考虑这些因素及其相关的不确定性或变化有助于持续对组织进行评估和演变，并使组织的项目集与其目标保持一致。持续的项目集管理包括不断地监测企业环境因素，以确保项目集始终与组织的战略目标保持一致。

3.3.4.2　环境分析

有各种形式的分析可用来评估项目集业务论证和项目集管理计划的有效性。基于一个或多个环境因素的分析结果，项目集经理可以凸显那些对项目集有潜在影响的因素。项目集经理可能执行或委托进行的环境分析的典型示例包括优势比较分析、可行性研究、SWOT（优势、劣势、机会、威胁）分析、假设分析和历史信息分析。请注意，这些分析活动既非完整也非面面俱到。

3.3.5　项目集风险管理策略

项目集管理计划的成功制订、与组织战略的对齐，以及在环境因素评估中对环境因素的考虑，都基于明确定义的风险管理策略。

在第 4.3.1.1 节，将详述项目集风险管理活动，本节只论述驱动风险管理活动（主动识别、监测、分析、接受、减轻、避免和消除项目集风险）的具体风险管理策略（风险阈值、初始的项目集风险评估、风险应对策略），以确保项目集与组织战略保持一致。

3.3.5.1　战略一致的风险管理

战略一致性包括项目集管理计划及其支持的目标与组织战略的一致性。获得这种战略一致性需要制定风险管理策略，并确保能够有效管理可能导致项目集与组织战略不一致的任何风险。风险管理策略包括定义风险阈值，执行初始的项目集风险评估，开发高阶的项目集风险应对策略，以及确定如何将风险信息传递到组织的战略层面。战略一致性要求，在定义项目集风险阈值时应考虑组织的风险偏好和风险阈值，这是对组织接受和处理风险意愿的评估（见附录第 X1.9 节）。

3.3.5.2　项目集风险阈值

风险阈值是围绕项目集目标的可接受变化程度的度量，反映了组织和项目集干系人的风险偏好。建立项目集风险阈值是将项目集风险管理与战略一致联系起来的完整步骤，因此在规划的早期就应该完成它，并在整个项目集执行过程中重新审视它，以确保项目集风险阈值与组织层面的任何变化相一致。

如前文所述，项目集风险管理策略的重要内容是，建立和监测项目集风险阈值。以下是项目集风险阈值的示例：

- 风险登记册中包含的最低风险敞口。
- 风险评级的定性定义（高、中、低等）和定量定义（数值化的）。
- 可在项目集内管理的最高风险敞口（超出该级别将触发升级）。

建立风险阈值是将项目集风险管理与战略一致联系起来的完整步骤，因此，在规划的早期就应该完成它。基于组织和治理框架的风险偏好，项目集经理要与公司治理层和项目集团队合作，还可能为在项目集内建立和观测项目集风险阈值提供保证（见第 3.6.1.5 节）。

3.3.5.3　初始项目集风险评估

尽管在整个项目集生命周期内都要执行项目集风险管理（见第 4.3.11 节），但在项目集定义期间所做的初始项目集风险评估可提供独特的机会，来识别战略一致的风险。这使得在开发项目集管理计划和评估环境因素时，能充分考虑这些风险。初始项目集风险评估包括根本原因分析。这将有助于制订适当的风险应对计划，并优先处理关键风险。此外，至关重要的是，在初始项目集风险评估中，应识别战略一致的任何风险，这包括但不限于任何不确定性事件或条件，如果发生，可能导致：

- 项目集的目标不支持组织的目标。
- 项目集管理计划和组织的计划不一致。
- 项目集管理计划不支持项目组合管理计划。
- 项目集的目标不支持项目组合目标。
- 项目集资源需求与组织的容量和能力不匹配。
- 没有实现项目集收益。

只要进行了初始项目集风险评估，就可以制定风险应对策略，从而完善项目集风险管理策略。

3.3.5.4 项目集风险应对策略

项目集风险应对策略将风险阈值和初始风险评估结合为计划，以便阐述在项目集的整个生命周期中将如何管理风险。针对已识别的每个风险，基于一些评级标准，可以用风险阈值来识别具体的应对策略。

稳健的项目集风险管理策略包括：针对每个风险评级水平（风险评级水平体现了项目集的风险阈值）而采取的具体风险应对策略。

一旦建立项目集风险管理策略，它就可以确保项目集风险管理活动的一致性和有效性，这些活动将贯穿整个项目集，并作为项目集整合管理（见第 4.1 节）和支持活动（见第 4 节）的一部分。此外，已建立的项目集风险管理策略也可作为治理框架的一部分（见第 4.3.11 节），使项目集经理能够在整个项目集执行过程中始终如一地沟通和管理项目集风险。

3.3.6 与项目集管理原则和其他项目集管理绩效域的交互

战略一致绩效域是项目集治理的基础，可确保组织以最佳方式部署资源。它代表团队的工作，因为它要在项目集定义阶段随着业务论证、项目集章程和项目集管理计划的制订而启动，并得到环境评估和项目集风险管理策略的支持。通过这种协同式的上游工作，使我们可以制订与组织目标、任务和收益相一致的项目集管理计划。

战略一致绩效域的关键要素包括：框架、功能和过程。通过这些框架、功能、过程来监测、管理和支持项目集，以实现组织的战略和运营目标。该绩效域还倡导一种结构化的方法，将项目管理绩效域与项目集管理绩效域相结合，使项目集能够实现并优化其全部能力。在这一过程中，战略一致绩效域涵盖了协同和治理这两个项目集管理原则，以及收益管理、生命周期管理、合作、治理框架和干系人参与这五个项目集管理绩效域（见图 2-1）。

3.4 收益管理

收益管理是定义、创建、最大化、交付和维持项目集提供的收益的项目集管理绩效域。

本节包括：

3.4.1 收益识别

3.4.2 收益分析和规划

3.4.3 收益交付

3.4.4 收益过渡

3.4.5 收益维持

3.4.6 与项目集管理原则和其他项目集管理绩效域的交互

收益管理绩效域包括许多对项目集成功至关重要的内容。收益管理包括澄清项目集的规划收益和预期成果，还包括监测项目集交付这些收益和成果的能力的过程。有关收益和治理框架的更多信息，见第3.6节。

收益管理的目的是，使项目集干系人（如项目集发起人、项目集经理、项目经理、项目集团队、项目集指导委员会以及其他项目集干系人）在项目集执行过程中关注各种活动所交付的成果和收益。为了做到这一点，项目集经理应通过收益管理来持续进行以下活动，包括：

◆ 识别和评估项目集收益的价值。

◆ 管理项目集内各组件输出之间的相互依赖关系。

◆ 分析规划的项目集变更对预期收益造成的潜在影响。

- ◆ 确保预期收益与组织目标和任务相一致。
- ◆ 分配实现、过渡和维持项目集收益的职责与责任，并确保收益能够维持。

收益是组织和受益人通过项目组合、项目集和项目的输出和产生的成果所实现的增值。一些收益是相对确定的（很容易被量化），同时还包括具体或有限的条件，例如，实现组织的财务目标（如20%的收入和边际利润增长），或者创造用于消费或使用的实际产品或服务。另一些收益可能难以被量化，可能是有形的也可能是无形的，还可能产生一些不确定的结果。收益也可能仅限于合规性、避免罚款和避免负面宣传。例如，监管变化可能要求启动新的项目集，在该项目集（如监管合规类项目集）中，可能更难识别或量化项目集所实现的收益。对于不太有形的项目集成果来说，其示例可能包括：员工士气或客户满意度的提高，或者健康状况的改善或疾病发生率的降低。

项目集能够明确和产生各种收益。有些收益（如市场占有率的提高、财务绩效或运营效率的提升）可以通过发起组织来实现，而其他项目集成果的收益则可通过组织的客户或项目集预期受益人来实现。每项收益都应该有相关的受益人，无论该收益是有形的还是无形的。

客户和受益人可能来自执行组织内部的运营或职能部门，也可能来自执行组织外部，如对项目集感兴趣的特定群体、业务部门、行业、特定的目标群体或普通民众。

通常，应针对预期受益人来定义收益，而且收益可能被多个干系人共享。组织的客户或项目集预期受益人可能因项目集的结果而在某些方面得以改进，同时，执行组织也可以从这些能够实现持续交付和维持最终产品、服务或功能的新增或改进能力中获益。其他组织、干系人和预期受益人可能无法从项目集中实现收益，并且可能受到负面的影响。

项目集及其组件通过交付成果来提供收益，这些收益能够支持发起组织的战略目标和任务。收益可能在项目集完成时（或者在完成后）才能实现，也可能通过项目集组件产生的可利用的增量成果以迭代的方式由预期接收者实现。在项目集收尾后，收益可能持续实现。

根据项目集的性质，项目集管理计划可以包含渐进收益的图形表示，以直观地展现投资回报何时能够资助未来的项目集收益和结果。在渐进收益逐步实现的过程中，不论是组织内的还是组织外的预期接收者，都要为产生的变革做好准备，并确保能够持续维持渐进收益，直到项目集完成以及项目集完成之后。

有些项目集只有在其所有组件都已完成时才交付收益，在这种情况下，组件的可交付物和成果都有助于完整地实现所有的收益。在项目集结束时才交付其预期收益的例子包括：大多数建筑工程、公共设施项目集（如道路、水坝和桥梁）、航空航天项目集、飞机或轮船建造、医药设备与制药。

收益管理还确保组织投资项目集所产生的收益在项目集结束后能够得到维持。在整个项目集收益交付阶段（见第 3.8.2 节），项目集内的组件通过计划、开发、整合和管理来促进预期的项目集收益交付。在项目集收益交付阶段，收益分析和规划活动可能与收益交付活动一起按照迭代的方式执行，尤其在需要采取纠正措施以实现项目集收益的情况下。

项目集收益需要得到监测和管理，它是项目集可交付物的重要组成部分。基于组织的风险偏好和项目集的战略价值，需要建立收益的风险结构。需要为每个项目集收益分配风险概率。有几个因素可能影响概率，包括需要实现收益的组件数量或组织吸收并维持变革的能力。

在整个项目集的持续时间内，收益管理需要与其他项目集绩效域持续交互。本质上，这种交互是周期性的，通常在项目集前期阶段以"自上而下"的方式进行，在项目集后期阶段以"自下而上"的方式进行。例如，项目集战略一致与项目集干系人参与共同协作，为项目集提供关键输入/参数，包括愿景、使命、战略目标和任务，以及定义了项目集收益的业务论证。通过项目集治理来评估项目集绩效数据，以确保项目集总能产生预期的收益和成果。

图 3-4 显示了项目集生命周期（见第 3.8 节）与收益管理/收益管理绩效域的相互关系。

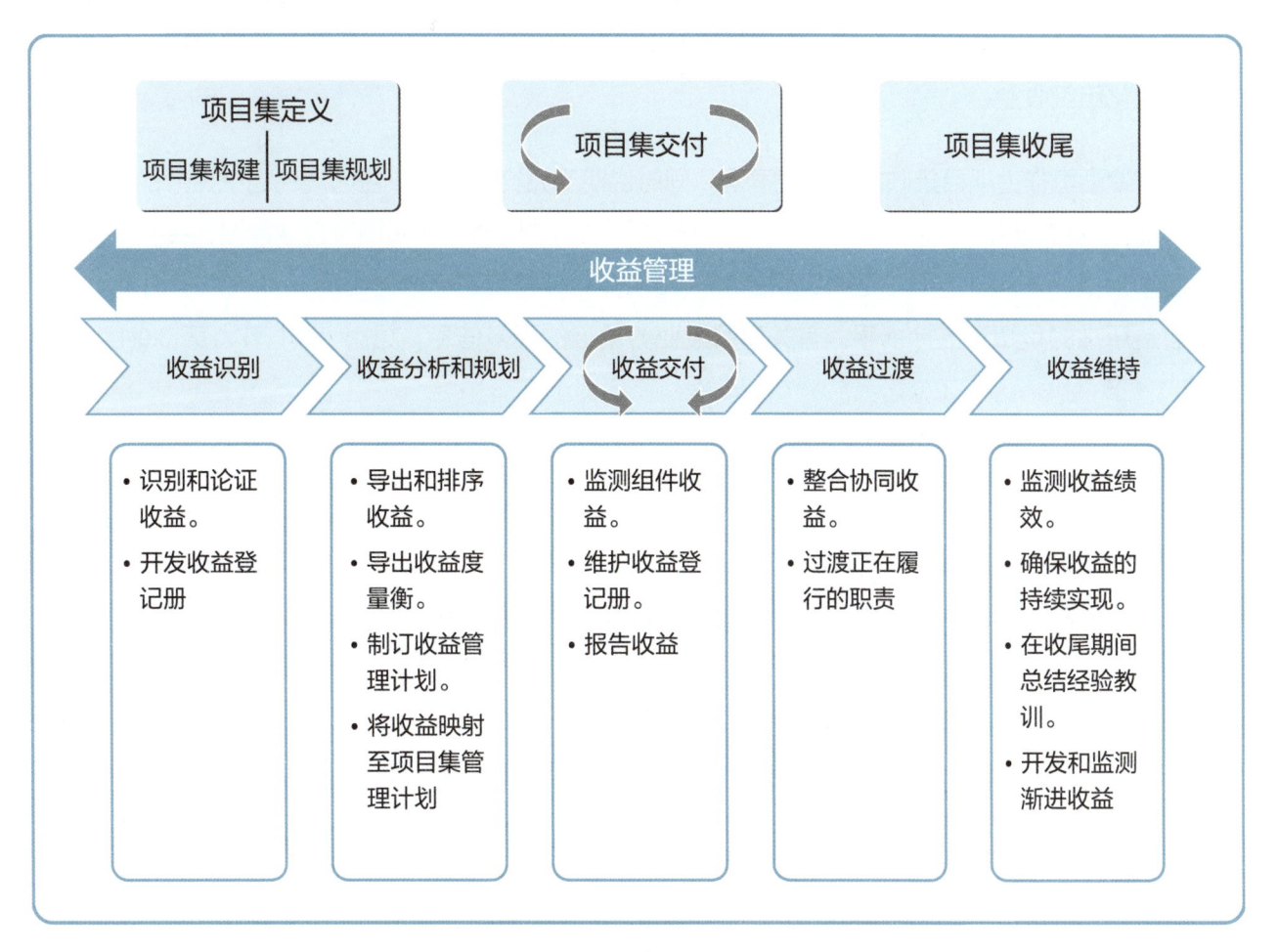

图 3-4　项目集生命周期与收益管理

3.4.1 收益识别

收益识别的目的是，识别和论证项目集干系人期望实现的收益，分析组织与业务战略、内部与外部影响，以及项目集驱动因素的可用信息。正如第 3.3.1 节的描述，组织的项目集（或项目）是在早期的组织战略规划活动中记录与识别的。这些项目集（或项目）描述了组织的目标和活动。通常，战略决策机构在项目组合中以项目组合管理机构的形式存在，或者在独立的项目集中以治理机构的形式存在，该机构通过发布项目集章程来定义项目集要完成的战略目标和期望实现的收益。同时，该项目集章程也被有效的业务论证所支撑。组成收益识别的活动包括定义项目集目标和关键成功因素，以及识别和量化组织收益。

业务论证可作为项目集收益的正式声明，同时说明了为交付预期收益而消耗组织资源的合理性。业务论证在说明项目集的结构方向、指导原则和组织结构的同时，还明确了企业需要的授权、意图、理念和项目集的发起。业务论证将组织的战略和目标与项目集目标紧密相连，并有助于识别实现项目集收益所需的投资和支持水平。有关项目集业务论证的更多信息，见第 3.3.1 节、第 3.6.1.3 节和第 3.8.1.1 节。

3.4.1.1 收益登记册

收益登记册可收集和记录项目集的规划收益，还可在整个项目集过程中度量和传递收益的交付情况。在收益识别阶段，首先以项目集业务论证、组织战略计划以及其他相关项目集文档和目标为基础，编制收益登记册；然后与关键干系人一起评审收益登记册，并为每项收益开发恰当的绩效度量方法。在收益识别阶段，识别关键绩效指标（KPI），同时在后续阶段，定义并详细说明其相关的定性和定量度量方法，并更新项目集收益登记册。收益登记册有多种格式，典型内容包括（至少）：

- 规划收益列表、每个阶段规划的收益和实现的收益（在理想情况下，使用定量度量方法）；
- 将规划的收益映射到项目集管理计划所体现的项目集组件上；
- 如何度量每项收益的描述；
- 用于评估收益成果的 KPI 和阈值；
- 实现收益的风险评估和概率；
- 每项收益的状态或进度指标；
- 实现收益的目标日期和里程碑；
- 负责交付每项收益的个人、小组或组织。

3.4.2 收益分析和规划

收益分析和规划阶段的目的是，制订项目集收益管理计划，并制定收益度量衡和框架，以监测并控制项目集内的组件和收益度量。构成收益分析和规划的活动有：

- 制订指导整个项目集其余工作的收益管理计划；
- 定义并排序项目集收益，以及组件之间的相互依赖关系；
- 定义所需的 KPI，以有效监测项目集交付的收益；
- 随着信息逐渐明确，对收益的积极风险和消极风险进行更新。

量化收益的渐进交付尤其重要，这样，可以在项目集中度量规划收益的实现。如图 3-5 所示，有意义的度量能够帮助项目集经理和干系人界定收益是否超过其控制阈值，以及收益是否能按时交付。在该示例中，项目集收尾后的运营成本会计入整个项目集的投资资金，以维持项目集收益；项目集成本也可能在项目集收尾后停止核算。当项目集继续进行时，可能会也可能不会向接收收益的组织提供额外资金，以支付新增收益的递延成本；在某些情况下，组织可能不得不自筹资金来承担该成本。此外，上述示例表明可量化的收益还没有超过项目集的成本；如业务论证所述，随着时间的推移，项目集收益预计超过项目集成本。

随着项目集收益得到进一步的明确，应该进一步细化项目集收益的风险，并量化新的收益风险。实施收益的风险示例包括：干系人的认可、过渡的复杂性、组织可吸收的变革量、意外结果的实现，以及特定行业可能遇到的其他情况。需要识别、细化并量化以机会形式呈现的积极风险，以便优化收益的交付。这些机会可能包括如何优化项目集组件之间关键资源的分配或消耗，也可能包括如何充分利用新技术来减少实现特定收益的工作量和资源量。

项目集治理使项目集团队能够确定收益是否可在规定的参数范围内实现，从而在必要时可以提出对组件或整个项目集进行变更。这种分析需要将收益与项目集目标、财务支出（运营和资本）、衡量标准（包括 KPI）以及度量和评审点联系起来。在收益交付阶段，收益管理计划可用来核实收益是否正按计划实现，同时，还可为项目集指导委员会或授权机构提供反馈，以推动收益的成功交付。

图 3-5 说明了有意义的度量能够如何帮助项目集经理和干系人确定收益是否超过其控制阈值，以及收益是否可及时交付。

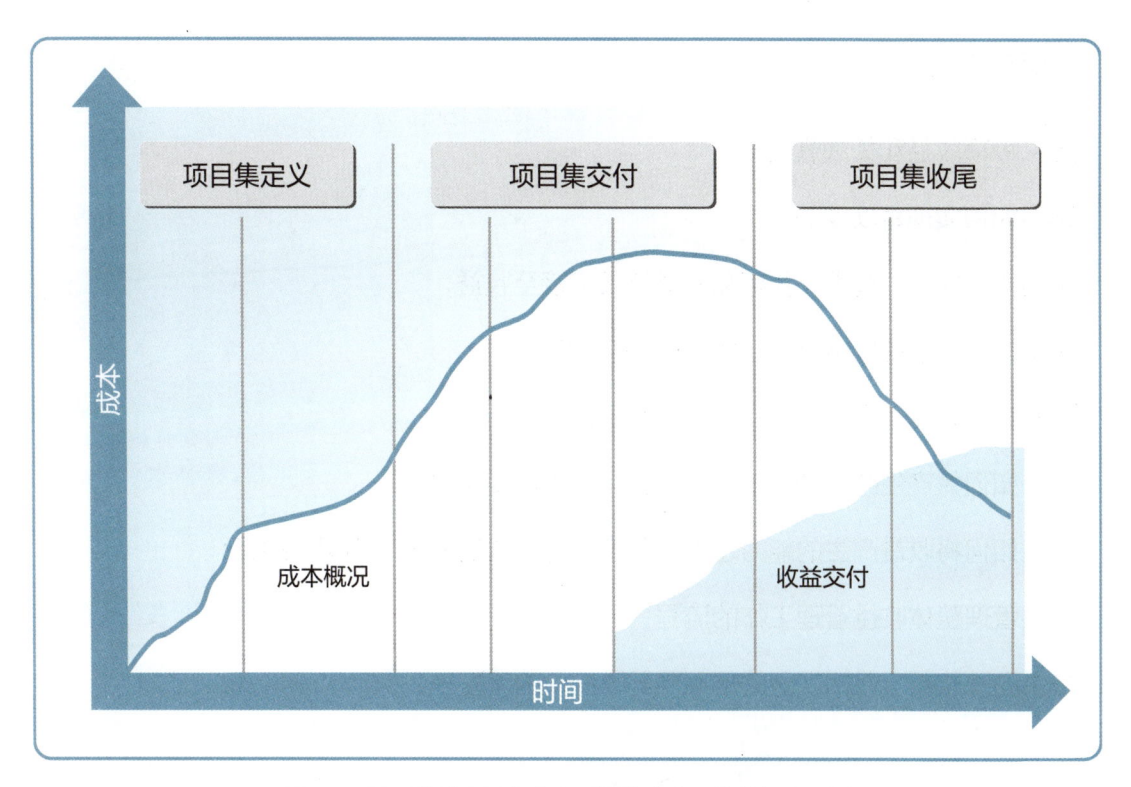

图 3-5　通用的跨项目集生命周期的成本和收益概况示例

3.4.2.1　收益管理计划

收益管理计划正式记录了为实现规划收益而采取的必要行动。它确定了组织期望何时以及如何获得收益，还确定了应建立何种机制来确保收益能随时间的推移而得到充分实现。收益管理计划是在项目集实施过程中指导收益交付的基准文件。收益管理计划还确定了：为推动收益实现而需要进行变革的相关活动、流程和体系；现有流程和体系所需的变革；过渡至运营的具体时机和方法。

收益管理计划应：

- 定义每项收益和关联假设；
- 确定如何实现每项收益；
- 将组件的输出、成果、目标和关键结果连接至收益；
- 定义度量收益的度量衡（包括 KPI）和程序；
- 定义管理收益所需的角色和职责；
- 定义如何将产生的收益和能力过渡至运营以实现收益；
- 定义如何将收益产生的能力过渡至负责维持收益的人员、小组或组织；
- 提供管理整体收益管理工作的流程；
- 提供删除收益（最初规划的但不再需要的）的流程。

3.4.2.2 收益管理和项目集路线图

项目集收益管理确立了项目集架构，该架构明确了组件将如何交付预期的能力和成果，以实现项目集收益。项目集路线图通过识别组件之间的关系以及组件之间的治理规则来定义项目集组件的结构。项目集路线图描绘了项目集的演变过程，包括渐进收益的交付。（有关项目集路线图的更多信息，见第 3.3.3 节。）

3.4.2.3 收益登记册更新

收益登记册最初是在收益识别时产生的，在收益分析和规划时得到更新。此时，基于项目集路线图，可建立项目集收益与项目集组件之间的映射关系。然后，与适合的干系人一同评审收益登记册，以定义和批准管理项目集绩效所使用的 KPI 及其他度量方法。

3.4.3　收益交付

收益交付阶段的目的是确保项目集能够交付预期的收益——如收益管理计划定义的那样。随着项目集的实施，影响收益的风险可能已发生，可能得到更新，还可能已过时。此外，还需要将新风险和更新的风险纳入收益登记册，并注明相关的收益。组成收益交付的活动包括：

- 监测组织环境（包括内部和外部因素）、项目集目标及收益实现，以确保项目集仍与组织战略目标保持一致；
- 启动、执行、过渡及结束组件，并管理它们之间的相互依赖关系；
- 评估影响收益的机会和威胁，更新收益登记册，以记录影响收益的新机会和新风险，并更新影响收益的已发生或过时的风险；
- 评估与项目集财务、合规性、质量、安全以及干系人满意度相关的 KPI，以监测收益交付；
- 在收益登记册中记录项目集进展，并向沟通计划中指定的关键干系人报告。

在收益交付阶段，确保已定义了用于向项目集管理办公室、项目集指导委员会、项目集发起人以及其他项目集干系人汇报的一系列报告或度量衡。通过持续地监测和报告收益度量衡，干系人可以评估项目集的整体健康状况并采取恰当的行动来确保收益的成功交付。

收益管理是迭代的过程。特别是在收益分析、收益规划与收益交付之间存在循环关系。随着条件的变化，可能需要不断修订收益分析和收益规划。根据从组织环境监测中获取的相关信息，也可能需要采取必要的纠正措施。为使预期项目集成果与组织战略目标保持一致，可能不得不调整组件。同样，在对项目集风险和 KPI 进行评估后，可能需要实施相应的纠正措施。组件也可能因与财务、合规性、质量、安全和/或干系人满意度相关的绩效而做出调整。在收益交付阶段，这些纠正措施可能要求增加、变更或终止项目集组件。

3.4.3.1 收益和项目集组件

应当在恰当的时间点启动项目集中的每个组件，同时，为了使组件的输出纳入整个项目集，还需要对这些输出进行整合。组件的启动和收尾是项目集路线图和进度表的重要里程碑。里程碑同时还标注了实现的成果和渐进收益的交付。随着项目集节奏的变化，收益管理计划应得到修订（以反映这些变化），项目集路线图也应得到更新（见第3.3.3节）。

3.4.3.2 收益和治理框架

为了使收益具有价值，需要按照收益管理计划中所述的方式及时实现收益。应定期将由项目集组件和项目集本身交付的真实收益与预期收益进行对比评估。关键是，需要考虑项目集各组件甚至整个项目集是否仍然可行。如果项目集的价值定位发生变化（例如，项目集整体的生命周期成本将超过收益），或者收益交付的时间太迟（例如，机会窗口不再存在），则必须重新评估项目集管理计划。还需要识别能尽可能优化项目集节奏的机会，以及其他组件之间的协同效应和执行效率。为反映项目集组件和节奏方面的变更，也不得不修订收益管理计划，假如对收益管理计划进行了修改，项目集管理计划也可能随之得到更新。

治理框架绩效域与收益管理绩效域相整合，以确保项目集始终与组织战略保持一致，以及预期价值仍然可通过项目集收益的交付得以实现。

治理有助于实现承诺的成果，使组织实现预期收益。由此产生的收益评估需要对规划收益和实际收益进行分析，这涉及多方面因素，包括 KPI。在收益交付阶段，尤其应该对以下方面进行分析和评估：

- **战略一致**。致力于确保企业与项目集计划之间的连接；将注意力集中在项目集价值主张的定义、维持及验证上，使项目集管理与企业运营管理保持一致性。对于组织内部目标集中的项目集，收益实现过程应度量新的收益在引入变革时将如何影响组织内部的业务运营流程，以及如何减小变革所带来的负面影响和潜在破坏。
- **价值实现**。致力于确保项目集交付预期的收益。可能存在实现特定规划收益和该收益产生实用价值的机会窗口。项目集经理、项目集指导委员会以及关键干系人要确定项目集或组件中的实际事件（如延迟、成本超支或范围减小）是否匹配或损害机会窗口。投资同样也有时间价值，组件进度计划的改变对财务有额外影响。

3.4.4　收益过渡

收益过渡阶段的目的是确保项目集的收益能过渡至运营，并在过渡后收益可以得到维持。当组织、社区或其他项目集受益人能够利用这些收益时，项目集收益的价值也就得以实现。

组成收益过渡的活动有：

- 核实项目集及其组件的整合、过渡、收尾是否满足或超过为实现项目集战略目标而建立的收益实现标准；
- 制订过渡计划，确保当项目集收益移交给相关运营部门后，能够持续实现收益。

收益过渡确保过渡范围得以定义，接收组织或部门的干系人得以明确并参与规划，项目集收益得以度量，项目集维持计划得以制订，项目集过渡得以执行。

项目集内的收益过渡规划活动只是完整过渡过程的一部分。接收组织或职能部门负责在其职责领域内做好所有的准备过程和活动，以确保产品、服务和能力的接收，并将其与自己的职责领域相整合。当个别项目集组件收尾或项目集中的其他工作活动收尾时，可能发生多个过渡事件。

收益可能在项目集正式工作结束前实现，而且很有可能在项目集正式工作已经完成后仍持续很长时间。如果组件的目的是为组织提供渐进收益，收益过渡可能在单独的项目集组件收尾后执行。如果整个项目集的目的是为组织提供收益且尚未识别渐进收益，收益过渡也可能在整个项目集收尾后执行。

需要量化收益，以便随着时间的推移度量收益的实现。有时，收益要在项目集有效工作结束后很长时间才得以实现，并且还需要在项目集结束后对其实施良好的监测。在项目集结束时，应将产生的收益与业务论证的目标收益进行对比，以确保项目集真正交付了预期的收益。

收益过渡活动确保单个项目集组件的成果或输出满足验收标准，能够顺利收尾或与其他项目集要素进行整合，并有助于整体实现一系列项目集收益。收益过渡活动可能包括（但不限于）：

- 根据适当的验收标准（包括 KPI）对项目集和项目集组件的绩效进行的评价；
- 适用于已交付组件或输出的验收标准的评审与评价；
- 运营和项目集过程文档的评审；
- 培训和维护材料的评审；

- 适用的合同协议的评审；

- 评估，以确定所产生的变更是否已得到成功整合；

- 用于提升变革认可度的相关活动（研讨会、会议、培训和其他类似的活动）；

- 将影响收益过渡的风险转移至接收组织；

- 接收者、小组或组织的准备情况的评估及批准；

- 所有相关资源的释放。

在过渡过程中，根据具体组件事件和项目集类型，接收者会有所不同。例如，对于公司开发的产品线，接收者可能是产品支持组织。对于为客户提供的服务，接收者可能是服务管理组织。如果开发的产品针对的是外部客户，收益过渡应针对客户的组织。在某些情形下，可能要从一个项目集过渡到另一个项目集。

项目集可能在没有过渡到运营前而收尾或终止。这种情形可能发生在如果项目集章程已履行完毕并且继续运营以实现当前收益已没有必要，或者特许的项目集不再对组织有价值时。过渡可能是一些正式活动，可以发生在同一组织内的不同职能部门之间，也可以发生在基于合同的外部实体之间。接收实体不仅需要对过渡的能力和成果有清晰的理解，而且还需要具备成功维持收益所需的相关条件。在过渡过程中，通常需要提供所有的相关文件、培训和素材、支持系统、设施和人员，还可能包括过渡碰头会和正式会议。

如果影响收益过渡的任何剩余风险仍然存在，项目集经理应将风险转移至适当的组织。接收收益的组织可能不是负责持续监测收益风险的团队。可由治理组织来监测风险，如项目集管理办公室。

3.4.5 收益维持

收益维持阶段的目的是，在项目集结束后，项目集接收组织持续执行维护活动，以确保由项目集交付的改进和成果可继续发挥作用。在项目集收尾后，维持项目集收益的职责可能传递给其他组织或项目集。收益可以通过运营、维护、新组件和/或项目集或其他工作得以维持。收益维持计划应先于项目集收尾制订，以便识别必要的风险、流程、测量、度量衡和工具，从而确保持续地实现收益。

在实施项目集的过程中，应由项目集经理和组件项目经理对项目集收益的持续维持进行规划。通常，在项目集结束后开展确保收益维持的实际工作（超出单个组件的范围）。尽管接收收益的人员、组织或受益群体负责执行确保项目集结束后持续实现收益的相关工作，但是，项目集经理有责任在项目集实施过程中规划这些"过渡后"的活动。

虽然收益维持的责任超出了传统的项目生命周期，但是这种责任可能仍处在项目集生命周期之内。尽管这些产品、服务或能力的持续支持活动可能属于项目集的范畴，然而，它们在本质上属于典型的运营活动，而且通常不将它们视为项目集或项目来运作。

构成收益维持的相关活动包括（但不限于）：

◆ 为了使项目集接收者（个人、小组、组织、行业、部门）能够持续监测绩效，需要对运营、财务、行为变革进行必要的规划。

◆ 执行所需的变革，确保项目集提供的能力在项目集关闭（项目集的资源已释放回组织）后得以持续。

◆ 从可靠性和可用性的角度监测产品、服务、能力或结果的绩效，对比实际绩效与计划绩效，包括 KPI。

- 监测所部署的产品、服务、能力或结果的持续适用性，以提供客户或运营项目集的期望收益。这可能包括与其他产品、服务、能力或结果之间接口的持续可用性及功能的持续完整性。

- 根据技术发展和供应商继续支持旧配置的意愿，监测产品、服务、能力或结果等后勤支持的持续可用性。

- 积极响应客户对产品、服务、能力或支持结果的需求，或者性能改进或功能改进的需求。

- 为产品、服务、能力或结果提供按需支持（包括特性支持、改进的技术信息支持、实时客户服务支持等）。

- 规划和建立（与项目集管理功能分离的）产品、服务、能力、结果的运营支持，同时保留对其他产品的支持功能。

- 为了应对频繁的产品支持咨询，更新与产品、服务、能力或改进相关的技术信息。

- 规划产品支持或能力支持从项目集管理到组织内部运营的过渡。

- 规划产品或能力的退役和淘汰，或者因停止支持而为当前客户提供相应的指导。

- 制定业务论证，考虑启动新的项目或项目集，以应对所支持的产品、服务、能力在运营中出现的问题；改进的公众接受度/反映；部署那些或正在支持的产品、服务、能力或成果的立法变化、政治、经济和社会变迁、文化变革或后勤问题。

- 监测影响项目集收益的任何潜在风险。

有关项目集生命周期和收益的更多信息，见图 3-4。基于不同的迭代和增量开发方法，收益管理的表现形式可能有所不同。收益的本质是获取收益，是由组织和其他干系人通过项目集交付的成果实现的。具体的实现方式和流程的规范性均由参与组织决定。

3.4.6 与项目集管理原则和其他项目集管理绩效域的交互

收益管理绩效域涵盖了许多对项目集成功至关重要的组成部分。从清晰概述项目集的规划收益和预期成果，到确定项目集交付收益的能力，有效的收益管理可促进干系人之间和谐、富有成效的关系。最终，这可能形成可长期持续、为组织带来巨大价值的项目集。

在收益管理绩效域中，组织可以通过整合产生收益的新产品、服务或结果来维持其竞争优势并实现目标。此外，该绩效域可确保干系人的期望、项目集收益与组织战略相互融合，以实现目标和收益。因此，收益管理绩效域不仅与收益实现和干系人这两个项目集管理原则保持一致，而且与合作和干系人参与这两个项目集管理绩效域保持一致（见图 2-1）。

3.5 干系人参与

干系人参与是识别和分析干系人的需要，管理期望和沟通，以增进干系人支持力度的绩效域。

本节内容包括：

3.5.1 项目集干系人识别

3.5.2 项目集干系人分析

3.5.3 项目集干系人争取的规划

3.5.4 项目集干系人争取

3.5.5 项目集干系人沟通

3.5.6 与项目集管理原则和其他项目集管理绩效域的交互

干系人是可能影响项目、项目集或项目组合的决策、活动或成果的个人、团体或组织，以及会受或自认为会受项目、项目集或项目组合的决策、活动或成果影响的个人、团体或组织。

干系人可能来自项目集内部或外部，并可能对项目集成果产生正面或负面的影响。项目集经理和项目经理需要认识到干系人的影响力和影响程度，以理解和应对不断变化的项目和项目集环境。

应对干系人进行识别、理解、分析、排序、争取和监测。与项目集资源不同，并非所有干系人都可以被直接管理，但他们的期望可以被直接管理。在许多情况下，外部干系人可能比项目集经理、项目集团队甚至项目集发起人更具影响力。考虑到干系人对项目集收益实现的潜在影响，或者这些干系人利益之间可能存在的固有冲突，平衡干系人之间的利益至关重要。如果双方不存在隶属关系，人们往往会抵制直接管理。出于该原因，大多数项目集管理文献都强调了"干系人争取"的概念，而不是"干系人管理"。

干系人争取可以表述为干系人与项目集领导者和团队之间的直接或间接沟通。项目集团队与干系人之间的互动可能由在项目集团队和项目团队中担任不同角色的人员来完成。然而，干系人争取不仅仅包括沟通。例如，可以通过邀请干系人参与目标制定、质量分析评审或其他项目集活动来争取他们的支持。主要目标是，获得并保持干系人对项目集目标、收益和成果的认可。

模糊性、易变性和不确定性是复杂性的特征，这种复杂性是许多项目集的共有属性。这些环境的复杂性要求项目集经理必须努力了解和管理广泛的干系人群体。图 3-6 描述了不同的干系人环境，这可能塑造了管理这些期望的行为。绘制干系人图是一个关键步骤，可实现成功的期望管理，进而带来组织收益。除了沟通，干系人争取还包括对目标进行协商，就期望收益达成一致，对资源做出承诺，以及在整个项目集期间提供持续的支持。

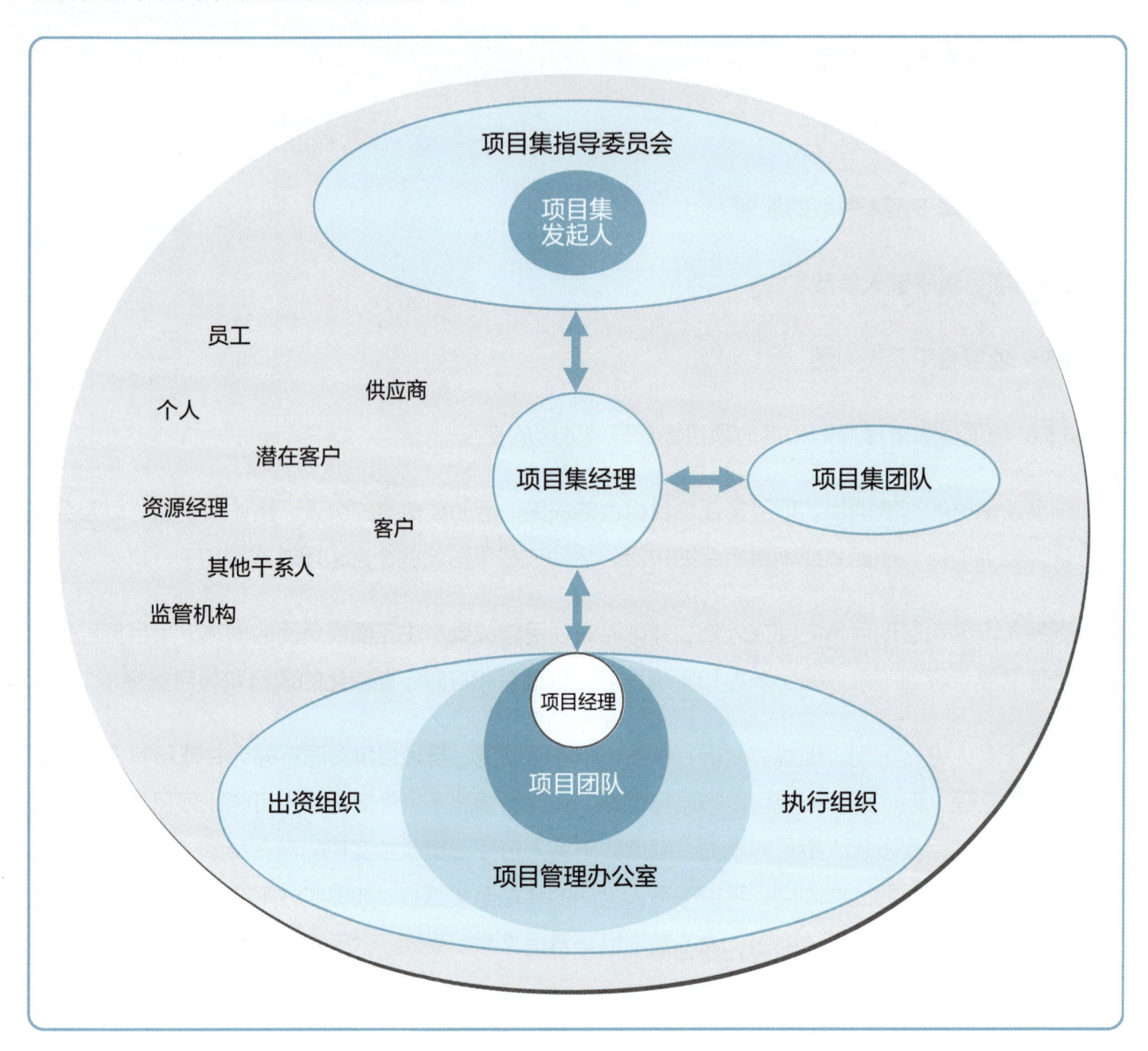

图 3-6 项目集干系人环境

不同干系人对项目集的感兴趣程度和影响程度可能有很大差异。干系人可能对项目集和预期收益不知情，或者干系人知情但不支持项目集。项目集经理需要花足够的时间和精力与已知的干系人进行沟通，以确保所有观点和风险承受能力都得以考虑和应对。

项目集经理与干系人通过以下方式互动：

- 通过评估干系人对项目集的影响力、态度、可用性和兴趣来争取他们。
- 根据干系人的变革意愿，以及选定的组织级变革管理战略的速度和规模，将干系人纳入项目集活动，并围绕干系人的需要、兴趣、需求、期望和愿望展开沟通。
- 监测干系人在项目集背景下的反馈和对项目集关系的理解。
- 在与项目集或项目集组件相关的组织结构背景下支持所需的培训计划。

这种双向沟通确保项目集经理能够为组织交付与项目集章程一致的收益。

因为干系人视项目集收益为变革，在项目集层面争取干系人具有挑战性。当人们对变革没有直接需求、没有参与变革、不理解变革的必要性或只关注变革对自身带来的影响时，人们通常倾向于抵制变革。为此，在整个项目集期间，项目集经理和项目集团队成员应理解每位干系人的态度和动机。项目集经理应拥护组织变革，并理解干系人可能改变项目集进程或故意使项目集偏离正常轨道，从而阻止项目集实现其一项或多项预期收益或成果的动机。由于项目集要在这种复杂的环境中演变，需要对其进行调整以确保项目集交付预期的收益，因此，项目集的策略和计划可能发生改变。为了获得支持，项目集经理还要借助项目集发起人或发起小组，通过项目集治理来营造组织环境，以有效实现项目集收益。

项目集经理应弥补组织当前状态与期望的未来状态之间的差距。要做到这一点,项目集经理应理解当前状态,以及项目集和其收益将如何推动组织过渡至未来状态。因此,项目集经理需要熟知组织的变革管理。

成功的项目集经理运用卓越的领导力技能,来设定干系人争取的清晰目标,以协助项目集团队应对项目集带来的变革挑战。这些目标包括:争取干系人以评估他们的变革意愿;规划变革;提供资源;支持变革;推动或协商实施变革的方法;获取和评估干系人对项目集进展的反馈。

3.5.1 项目集干系人识别

项目集干系人识别旨在系统地识别干系人登记册中包含的所有关键干系人(或干系人群体)。在创建干系人登记册时,应按照干系人与项目集之间的关系、影响项目集成果的能力、支持项目集的程度,以及项目集经理认为可能影响干系人看法和项目集成果的其他特征或属性,来对干系人进行记录和分类。表 3-1 给出了项目集干系人分类的示例。

表 3-1 干系人登记册示例

姓名	职位	项目集角色	权力/影响力水平	兴趣水平	沟通
干系人 1	总监	供应商	令其满意	低	电子邮件(每月)
干系人 2	客户	接收人	持续通知	中	例会(每周)
干系人 3	高级副总裁	发起人	密切管理	高	状态报告(每季度)

注:本表仅为示例,可以根据各个项目集的具体特点进行相应裁剪。

应该以便于项目集团队成员查阅的方式建立和维护干系人登记册，以便在报告、分发项目集可交付物以及进行正式和非正式的沟通时使用。同时，应该注意到干系人登记册可能含有政治和法律方面的敏感信息，项目集经理可限制其访问和审查权限。因此，需要采用适当的方法确保干系人登记册的信息安全。在项目集运营所在的国家或地区，项目集经理应遵守当地的数据隐私法规。干系人登记册是动态更新的文件。随着项目集的推进，可能出现新的干系人，或者现有干系人群体的兴趣可能发生变化。项目集经理应监测项目集的内外部环境，并根据需要，随时更新干系人登记册。

关键项目集干系人的示例包括（但不限于）：

- **项目集发起人**。为项目集提供资源和支持，并负责使其成功的个人或群体。项目集发起人通常是项目集的倡导者，有时也被称为代言人或推动者。

- **项目集指导委员会**。一组代表各种项目集相关利益的参与者，旨在其授权范围内通过治理实践来提供指导、认可和批准，从而支持项目集。项目集指导委员会也可能指的是项目集治理委员会。

- **项目组合经理**。执行组织指派的人员或小组，用于建立、平衡、监测和控制项目组合的组件，以实现战略业务目标。

- **项目集经理**。执行组织授权的，负责领导一个或多个团队以实现项目集目标的人员。某些团队可能不受项目集经理的直接管辖，因此，可能需要进行协调。

- **项目经理**。执行组织指派的，负责领导团队实现项目目标的人员。

- **项目集团队成员**。执行项目集活动的个人。

- **项目团队成员**。执行具体项目活动的个人。

- **出资组织**。为项目集提供资金的组织或外部组织的一部分。

- **执行组织**。员工最直接参与项目或项目集工作的企业。

- **项目集管理办公室**。用于将与项目集相关的治理过程标准化，并促进资源、方法、工具和技术共享的管理结构。

- **客户**。使用项目集交付的新能力，并从中获得预期收益的个人或组织。客户是项目集最终结果的主要干系人，对项目集的成功与否具有决定性的影响。

- **潜在客户**。将密切关注项目集如何有效地实现既定收益的过去和未来的客户。

- **供应商**。因支持或执行项目集特定活动而获得合约或报酬的产品和服务提供商。

- **监管机构**。负责制定并管理地方及国家层面的法律和法规界限的公共权力机构或政府机构。通常，这些组织将制定强制性的标准或要求。

- **受影响的个人或组织**。那些认为自己将因项目集活动而获益或利益受损的个人或组织。

- **其他群体**。代表消费者、环境或其他利益（包括政治利益）群体。人力资源、法务、行政和基础设施等组织支持部门也被视为关键干系人。

通过运用各种小组技术（如头脑风暴或德尔菲法）来识别整个项目集生命周期内涉及的所有干系人。由此产生的干系人登记册是确保有效争取干系人的重要工具。

3.5.2 项目集干系人分析

一旦在干系人登记册中列出所有主要干系人，项目集经理就可以对这些干系人进行分类并开始分析他们。这种分类将凸显干系人的需求、期望或影响的差异。需要从干系人那里获取关键信息，来更好地理解与项目集相关的组织文化、政治背景、关切，以及对项目集的整体影响。这些信息可以通过历史信息、个人访谈、焦点小组会议、问卷和调查的方式获得。与个人访谈或焦点小组会议相比，问卷和调查的形式便于获得更多的干系人反馈。不论采取何种技术，都应该通过开放式问题来收集干系人的关键信息。基于收集到的信息，建立优先级排序的干系人清单，这有助于将争取干系人的工作重点放在对项目集成功至关重要的人员和组织上。项目集经理应当在两类活动之间建立和维持平衡：一类是减轻对项目集持负面态度的干系人的消极影响；另一类是鼓励和利用那些视项目集为正面贡献的干系人的积极支持。

对于复杂的项目集，项目集经理可以通过开发干系人地图，来直观地呈现所有干系人当前和期望的支持度与影响力之间的相互作用关系。该地图可作为一种工具，以评估项目集社区的变更所造成的影响。在此基础上，项目集团队综合考虑干系人的兴趣、影响、参与度、相互依赖关系和支持度，就如何以及何时争取干系人做出明智的决策。另一种用于干系人分析的分类模型是权利/兴趣方格。它基于干系人的权威程度（权力）和其对项目成果的关切程度（兴趣）来对干系人进行分类。图 3-7 给出了权力/兴趣方格的实例，用 A 至 H 表示干系人的类别。

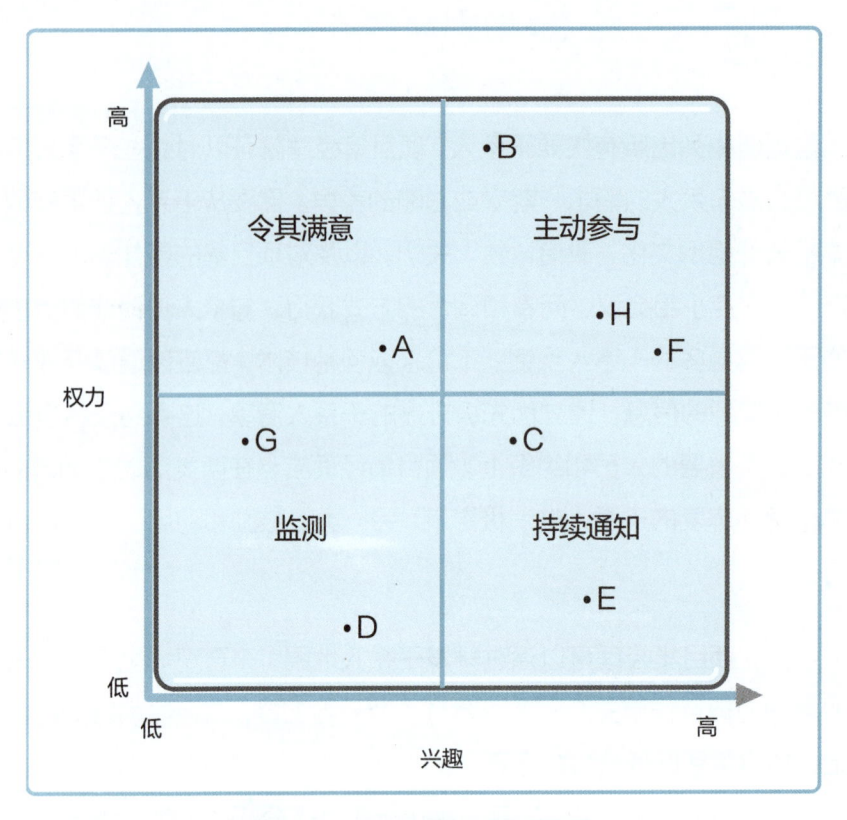

图 3-7　干系人权力/兴趣方格示例

通过识别干系人的期望，能够明确列出关键指标和预期收益，项目集经理可据此创建一个框架，以应对持续的项目集活动和干系人不断变化的需求。干系人地图可作为一种工具，来帮助识别与干系人进行互动的需求。它揭示了干系人之间潜在的伙伴关系和促进项目集成功的协作机会。当需求出现时，项目集经理可以使用干系人地图来提醒团队：需要在项目集生命周期的各时间段争取哪些干系人。随着项目集的进展，应定期评审和更新干系人登记册和干系人争取活动的优先级。

3.5.3　项目集干系人争取的规划

干系人争取的规划活动概要地描述了，在整个项目集期间，应如何争取所有项目集干系人。在考虑组织的战略计划、项目集章程、项目集业务论证的情况下，对干系人登记册和干系人地图进行分析，来理解项目集的运作环境。

作为干系人分析和争取规划的一部分，需要考虑每个干系人的以下方面：

- 组织文化和变革接受程度。
- 对项目集及其发起人的态度。
- 适用于特定干系人争取活动的相关阶段。
- 对项目集交付收益的期望。
- 对项目集收益的支持和反对程度。
- 影响项目集成果的能力。

干系人争取计划是这一工作的结果，它包含了基于当前状态有效争取干系人的详细策略。干系人争取计划包括了干系人争取的指导方针，并提供了有关项目集内各种组件如何争取干系人的深入理解。干系人争取计划定义了用于度量干系人争取活动绩效的度量衡。这可能包括干系人参与会议的频率和其他沟通渠道的度量结果，同时还应力求度量达成预期目标的效果。应将干系人争取的指导方针提供给项目集中的组件项目、附属项目集和其他项目集活动。干系人争取计划提供了用于编制项目集文件的关键信息，可以确保随着干系人的添加或删除，或者现有干系人信息的修改，项目集文件能够持续保持一致。

3.5.4 项目集干系人争取

随着项目集的进展和收益的交付，干系人清单和干系人的态度及观点也会随之变化，因此，干系人争取是一项持续的项目集活动。在项目集的持续期间，项目集经理的主要角色之一是，确保充分、恰当地争取所有的干系人。干系人的识别、干系人兴趣的映射关系，以及干系人争取活动的规划都直接支持该过程。应该经常参考和评估干系人登记册、干系人地图和干系人争取计划，并按需更新。

与干系人互动并争取干系人有助于项目集团队就项目集收益以及项目集收益与组织战略目标的关联性进行沟通。在必要时，项目集经理可运用强大的沟通、协商及冲突解决技能来化解干系人对项目集和项目集预期收益的抵触情绪。在包含不同干系人群体的大型项目集中，当干系人或干系人群体之间存在期望冲突时，也可能要求召开协商会议。

为帮助干系人对交付项目集的收益建立共同的高阶期望，项目集经理向干系人提供在项目集章程和项目集业务论证中包含的恰当信息，这可以包括执行汇报，以描述风险、依赖关系和收益的细节。

干系人争取的主要度量衡包括：对实现项目集目标和收益的积极贡献、干系人的参与程度，以及与项目集团队之间的沟通频率或比例。项目集经理努力确保充分记录所有与干系人的互动，包括会议邀请、出席情况、会议纪要和行动条目。项目集经理定期评审干系人度量衡来识别干系人因缺乏参与而导致的潜在风险。分析干系人参与情况的趋势，并执行根本原因分析来识别和关注干系人不参与的原因。干系人参与的历史记录提供了可能影响干系人感知和期望的重要背景信息。例如，如果干系人没有主动参与，可能因为他们对项目集的方向有信心，也可能因为他们对项目集有不明确的期望，或者他们已对项目集失去兴趣。这种全面的分析，可以有效避免因对干系人行为的错误假设而引发的意外问题或不当的项目集管理决策。

在项目集团队与干系人一起工作的过程中，项目集团队收集并记录干系人的问题和关切，而且将对其进行管理直至项目集结束。使用问题日志来记录、排序和跟踪问题将帮助整个项目集团队理解来自干系人的反馈。当干系人清单中的条目较少时，简单的电子表格就可以当作合适的跟踪工具。然而，对于那些包含复杂风险和问题的，并会影响众多干系人的项目集，可能需要更加先进的并能对干系人进行跟踪和排序的系统。

干系人的问题和关切很可能影响项目集的范围、收益、风险、成本、进度、优先级和成果等方面。为理解干系人问题的紧迫性和发生概率，应该使用影响分析技术并确定哪些问题可能转变为项目集风险。

3.5.5 项目集干系人沟通

有效沟通在不同的干系人之间建起了桥梁，这些干系人可能有不同的文化和组织背景，不同的专业知识水平，不同的观点和兴趣，所有这些都可能影响和左右项目集收益的交付。沟通是争取项目集干系人的核心工作，它是执行项目集并最终为组织带来收益的关键。沟通是项目集团队成员之间的信息共享、协商和协作"平台"，它推动了项目集的实施工作。

项目集经理和项目集团队应该在项目集的整个生命周期中积极、主动地争取干系人，特别是具有很大权力和影响力的关键干系人。可以为干系人登记册中的每个已识别的干系人仔细制定策略（见表 3-1）。该策略详细说明了沟通需求，例如，应该沟通什么信息，包括语言、格式、内容和详细程度。还应考虑建立反馈循环机制，以讨论项目集的变更和升级过程。由此形成的沟通方法旨在获得干系人对项目集策略和收益交付的支持。

一些干系人天生对项目集很好奇，并经常提出疑问。应记录并公开这些疑问及其解答，以便众多干系人能从交流中获益。在许多情况下，可能需要根据不同干系人的需要，对文档的格式和展示方式进行相应的调整。重要的是，进行决策的干系人必须拥有足够的信息，以做出正确的选择并将项目集向前推进。项目集经理应该持续地监测变化，并根据需要更新争取干系人的活动和可交付物。

与干系人的沟通是项目集的固有活动。在第4章，将对这些活动进行更详细的描述。项目集经理应记录和保存项目集沟通的相关信息，并确保这一过程的持续性。项目集经理应持续管理和营造能够满足干系人沟通需要的环境。

3.5.6　与项目集管理原则和其他项目集管理绩效域的交互

尽管由能力出众的项目集经理和项目经理负责监督，但项目集仍然会反映出干系人的独特知识、视角、信心或不确定性。无论是具有特定关注点的个人还是群体，干系人都代表了不同的观点和能力，而且他们都可能因为项目组合、项目集或项目的决策、活动或成果而受到影响。在项目集中，建立和维护与不同干系人之间的牢固关系，对于项目集的成功至关重要，这往往是事业能否成功的关键因素。因此，项目集经理和项目经理应该进行有效的规划和沟通实践，并积极接受不同的观点。

干系人参与绩效域的一个重要方面是，帮助项目集经理和项目经理在确保干系人期望、项目集风险和收益与组织战略保持一致的同时，灵活应对变革或阻碍。这种一致性有助于对项目集框架、功能和流程进行有效监管，从而达成战略和运营目标。因此，干系人参与绩效域不仅与收益管理、合作、治理框架和战略一致绩效域紧密关联，还与干系人、协同、领导力、风险和治理这些项目集管理原则关联（见图2-1）。

3.6 治理框架

治理框架绩效域能够使项目集决策得以执行，确立支持项目集的实践方法，并保持对项目集的监管。

本节内容包括：

3.6.1 治理框架实践

3.6.2 治理框架角色

3.6.3 治理框架的设计和实施

3.6.4 与项目集管理原则和其他项目集管理绩效域的交互

治理框架绩效域概述了管理、维持和监测项目集的流程及功能，以实现组织的战略和运营目标，并交付预期的收益。

治理框架可确保监管职责由负责评审和决策的小组承担，该小组负责审批其职权范围内的所有项目集建议。该小组与项目集经理紧密合作，由项目集经理监督项目集的日常活动，并确保项目集团队理解并遵守既定的治理程序及其基本治理原则。

项目集的组件治理往往通过负责整合项目集成果的项目集经理和项目集团队的行动来达成。可能也将这样的职责称为组件治理。

治理框架绩效域受组织和项目组合治理的影响。组织和项目组合治理是一种通过人员、政策和流程来提供控制、指导和协调的结构化方式，旨在达成组织的战略和运营目标。通常，项目组合治理代表了授权项目集投资的治理层级结构。

图 3-8 描绘了项目集的治理关系。在项目组合结构内,那些支持项目组合治理的功能和流程,通过项目组合治理与项目集相连接。对于项目组合结构外的独立项目集,由治理主体为项目集提供治理支持的功能和流程,包括治理政策、监管、控制、整合和决策的功能和流程。项目组合治理和治理主体决定治理活动的类型和频率。项目组合(如果存在)为项目组合结构内的项目集提供治理政策、监管、控制、整合和决策的功能和流程。

A
- 治理政策和实践
- 治理监督和支持
- 治理控制
- 治理整合
- 治理决策

B
- 绩效报告和分析
- 变更请求
- 升级的问题和风险
- 收益能力交付

C
- 绩效报告和分析
- 变更请求
- 升级的问题和风险
- 产品或服务

备注1:项目集以上层级的治理可能由项目组合层级负责。
备注2:对于项目组合结构外的独立项目集,由治理主体为项目集提供治理支持功能和流程。
备注3:实施角色(见第3.6.2节)。

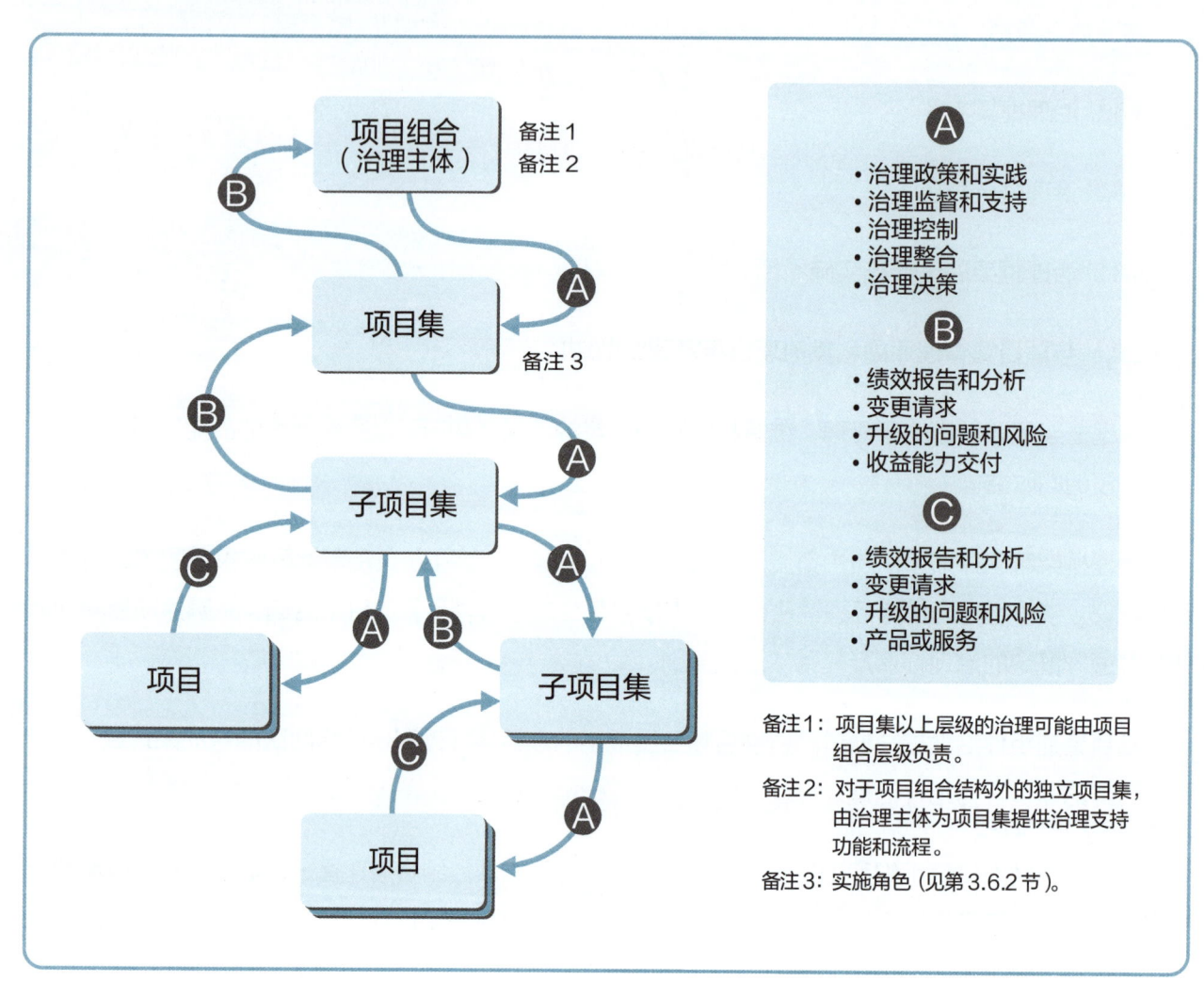

图 3-8 项目集的治理关系

当有必要在高度复杂或不确定的环境中迅速响应项目集执行过程中可获得的成果和信息时，有效的治理框架特别重要。治理框架绩效域能够使组织明确其愿景，促进项目集与组织战略保持一致，并能够在项目集需求与当前的组织能力之间保持周期性的平衡。治理的参与者能够监测，并在必要时授权或限制活动（项目集中执行的活动）的变更。治理决策小组重点关注如何促进项目集方法适应性的调整，以实现预期收益的交付。有关执行治理框架活动的角色及参与者的详细信息，见第 3.6.2 节。

治理框架提供了一种重要的手段，通过这种手段可以为项目集寻找授权与支持，从而动态地改变项目集的策略或计划，以对新兴成果做出反应。在项目组合内的项目集很可能在项目组合框架内进行治理。《项目组合管理标准》[3]概述的项目组合治理提供了对项目组合结构内的项目集、项目和运营进行监管、控制、整合和决策实践的框架、功能和流程。如果组织没有包含项目集和项目的项目组合，那么应在组织治理的框架内制定授权项目集的思路和步骤的流程。

3.6.1　治理框架实践

在第 3.6.1.1 节至第 3.6.1.10 节，详细描述了适用于项目集工作的治理框架实践。

3.6.1.1　项目集治理计划

为了推动有效治理的设计与实施，许多组织为每个项目集的治理框架、功能和流程准备了书面的描述。通常，要将这类描述汇总至项目集治理计划，这份治理计划可能是单独的文件，也可能是项目集管理计划的一部分。在一般情况下，虽然组织中的每个项目集都会配有相应的项目集治理计划，但有些组织可能使用统一的项目集治理计划来治理多个项目集。

项目集治理计划的目的是，描述用来监测、管理和支持既定项目集的体系和方法，以及确保及时和有效使用这些体系和方法的特定角色和责任。在整个项目集持续时间内会参考该计划，以确保项目集遵循已建立的治理期望和协定。根据在项目集执行过程中已实现的成果，可能要对项目集治理计划进行适当的修改。确保将这些修改有效地传递给负责项目集治理和项目集管理的干系人是被普遍接受的良好实践。

3.6.1.2 治理框架与组织的愿景和目标

组织的愿景和目标为战略指令提供了基础，这些战略指令推动了大多数项目集的定义。治理框架绩效域确保了，任何在其职权领域的项目集可定义其自己的愿景和目标，以有效支持组织的愿景和目标。

3.6.1.3 项目集的批准、认可和定义

在大多数组织中，治理框架概要描述了相关职责：批准每个项目集的方法和计划以实现项目集和组织的目标；授权使用资源以支持组件和其他遵循这些方法的项目集工作。这些批准发生在项目集定义阶段，例如，借助项目集业务论证或项目集章程等来推动。

治理框架有助于获得用于项目集的资金，以支持获批的业务论证。通常，项目集的资金由负责监管多个项目集的小组所控制的预算流程来提供。在此情形下，项目集的资金是以项目集需求与组织优先级相一致的方式提供的，该优先级是通过组织的项目组合管理流程确定的。

当项目集的资金需要从外部来源获得时，项目集指导委员会通常负责签订必要的协议，以确保资金到位。这些资金的运用可能受法律、法规或其他约束条件的限制。

3.6.1.4 项目集监测、报告和控制

治理参与者能够在追求组织目标的过程中设定绩效管理框架，与项目集经理合作，通过抓住机会来优化收益。

为提升组织监测项目集进展的能力，并加强组织评估项目集状态及其与组织控制要求一致性的能力，许多组织定义了适用于所有项目集的标准化报告和控制流程，包括《挣值管理标准》[4]中概述的挣值管理。负责治理框架的个人或团体负责确保项目集符合此类流程。用于报告和控制的文件可能包括：

- 项目集、组件和相关活动的运行状态和进展；
- 期望的或已发生的项目集资源需求；
- 已知的项目集风险、其应对计划和升级准则；
- 战略和运营的假设条件；
- 已实现和期望维持的收益；
- 决策准则、跟踪和沟通，以及项目集变更控制；
- 遵守公司政策和法律政策（例如，根据外部报告的需要更新文件）；
- 项目集信息管理；
- 问题和问题应对计划；
- 项目集资金和财务绩效。

3.6.1.5　项目集风险和问题治理

风险和问题治理框架确保了关键风险和问题可以及时得到升级，并得到正确的解决。升级过程通常分为两个层面：

- ◆ 内部。在项目集内部，涉及组件团队、项目集管理团队和项目集指导委员会。
- ◆ 外部。在项目集外部，涉及项目集管理办公室、项目集指导委员会、主题专家和其他干系人。

无论是内部还是外部，项目集、项目组合和组织风险都会传递到附属项目集、项目和其他项目集组件。

需要注意的是，项目集风险并非简单的叠加，项目集组件团队可能造成项目集风险的加剧。本质上，项目集风险可能大于其各部分风险的总和。记录和沟通各层级对升级风险和问题的预期，以确保组织清晰定义在适当的时间点争取（参与治理的）干系人的需求，从而实现有效的风险和问题管理。

基于组织的风险偏好，与组织的治理团队和项目集管理团队一起工作，治理框架可为项目集风险设定所遵守的阈值。

3.6.1.6　项目集质量治理

质量治理对项目集的成功至关重要。通常，在组件层级执行质量管理规划，因此应当在组件层级进行治理。治理的参与者负责评审和批准质量管理方法，以及用于度量、记录和报告质量的标准。（有关项目集质量管理活动的更多信息，见第4章。）

3.6.1.7　项目集变更治理

治理框架在项目集变更授权中起着十分关键的作用。项目集指导委员会或适当的主体负责对变更的类型进行定义：一是项目集经理有权独立批准的变更；二是那些在批准前需要进行深入讨论的重要变更。根据监测、报告和控制实践，治理的参与者应能够对项目集的规划方法或活动的变更建议进行评估。

项目集经理应该评估是否可以接受与该潜在变更所关联的风险；建议的变更是否具有可操作性并得到支持；当项目集处在项目组合结构内时，这些变更是否足够重要，需要得到项目组合管理主体的批准，或者是否需要得到项目组合外独立项目集的适当治理主体的批准。然后，项目集经理向项目集指导委员会提出需要治理参与者批准的变更。项目集业务论证和组织战略界定了能被项目集治理委员会授权的变更。项目集团队负责维护建议变更的记录、变更的理由及变更的成果。第 4.3.4 节提供了项目集变更治理活动的更多细节。

3.6.1.8　治理框架评审

治理框架认可在项目集生命周期中的关键决策点对项目集进行评审。这些评审通常在项目集重大时段（阶段）的启动或完成时进行，从而使治理机构能够决定是否批准项目集从一个重大时段（阶段）过渡至另一个重大时段（阶段）。此外，这些评审也便于在关键决策点对项目集所需的任何变更进行评审与批准。

例如，关键决策点通常出现在项目集阶段的完成时。阶段关口评审是在阶段末所做的评审，其评估结果将决定项目集或项目集组件是否进入下一阶段，是否在调整后继续，是否终止。这使治理主体能够决定是否批准项目集从一个重要阶段过渡至另一个重要阶段。

通过实施评审，项目集指导委员会才有机会确认是否支持既定项目集继续进行，或者，是否应提出对项目集策略进行适当变更的建议，以提升项目集实现和交付其预期收益的能力。

通常，项目集的定期健康检查会在两个决策点评审之间进行，旨在评估项目集的当前绩效，以及项目集在收益实现和收益维持方面的进展情况。在预定决策点评审的间隔较长的情况下，这些评审的重要性和作用会提升。

有时，决策点评审可能导致项目集的终止（例如，当决定终止项目集时，可能存在很多原因：项目集不太可能交付其预期收益；无法获得所需的投资支持；在项目组合的评审中，决定不再继续该项目集）。

项目集评审的频率和这些评审的具体要求体现了项目集团队监督和管理项目集的自主权。针对项目集治理评审的组织期望，应在项目集治理计划中详细说明。

3.6.1.9 项目集组件的启动和过渡

在项目集单个组件启动之前，通常需要得到项目集指导委员会的批准，而启动组件至少要达到的要求包括：(a) 负责监测和管理组件的附加治理结构说明。(b) 为完成组件，组织对资源的坚定承诺。在申请启动这些组件的授权时，项目集经理经常扮演"提议者"角色。批准新项目集组件的启动通常包括：

- 开发、修改或再次确认业务论证；
- 确保执行组件的资源的可获得性；
- 定义或再确认管理和执行组件所需的个人责任；
- 确保关键的、与组件相关的信息能够传递给关键干系人；
- 确保建立面向特定组件的、项目集层面的质量控制计划；
- 授权治理结构，根据组件的目标跟踪组件的进展。

在组件管理活动中使用的方法通常取决于组件的特定性质。例如，在管理组件项目时，应遵照《PMBOK®指南》中定义的项目管理原则和实践；在管理其他项目集时，应参照本标准定义和描述的原则。

一旦启动了新组件，应更新所有涉及该组件的项目集层面的文档和记录，以反映受到影响的组件的任何变更。

单个项目集组件的过渡和收尾通常需要得到批准。针对任何项目集组件的过渡或收尾建议的评审通常包括：

- 确认组件的业务论证已经充分得到满足，或者应停止进一步追求组件的目标。
- 确保组件的收尾在适当的项目集层面传递给关键干系人。
- 确保组件遵守项目集层面的质量控制计划（如果需要）。
- 评估组织或项目集层面的经验教训和知识转移（作为组件过渡的绩效结果）。
- 确认所有已接受的项目或项目集过渡或收尾的实践都已满足。

3.6.1.10 项目集收尾

项目集指导委员会进行评审并就项目集收尾的建议做出决策。项目集指导委员会评估项目集收尾的条件是否得到满足，以及项目集收尾的建议是否符合当前的组织愿景、使命和战略。与之相反，项目集可能因组织战略或环境的改变（导致项目集的收益或需要减少）而被终止。无论终止项目集的原因是什么，都应当执行项目集收尾程序。第3.8节详细描述了普遍用于实施项目集收尾的实践和流程。

在项目集收尾期间，能否有效将项目集治理过渡至运营治理将直接影响收益的实现（见第3.4节）。在收尾时，最终的项目集报告被治理参与者批准。

3.6.2 治理框架角色

与负责项目集治理和项目集管理的个人建立适当的协作关系，对项目集成功交付组织期望的收益至关重要。项目集经理依靠项目集指导委员会（也被称为项目集治理委员会、监管委员会或董事会）的成员来创造这样的组织条件——能够使项目集有效执行，并能够解决当项目集与其他项目集、项目或持续的运营活动发生需求冲突时所引起的问题。

建立与项目集指导委员会及项目集经理间的合作关系对组织的成功也很重要。按照项目集章程，项目集经理有责任和义务，有效管理项目集，以追求由项目集指导委员会授权的组织目标。

治理结构最好根据每个组织的具体需要和项目集的需求来定义。完整的项目集治理模型会充分考虑项目集及其所处的组织环境。然而，在组织内，项目集治理与项目集管理部门之间的关系通常由指定的关键角色来管理，这些关键角色既是这些部门的成员，又是公认的重要干系人。有关在设计项目集治理绩效域时考虑的更多因素，见第 3.6.3 节。

在组织内部，尽管治理框架的设计、参与者和角色因特定项目集而异，但普遍会采用下列角色：

◆ **项目集发起人**。为项目集提供资源和支持，并负责使其成功的个人或群体。

◆ **项目集指导委员会**。代表各种项目集相关利益的参与者群体，旨在其授权范围内通过治理实践来提供指导、认可和批准，从而支持项目集。成员通常由来自各组织团体的高管组成，他们负责支持项目集组件和运营。在某些情况下，项目集发起人是项目集指导委员会的主席。

◆ **项目集经理**。由执行组织授权，负责领导一个或多个团队实现项目集目标的人员。在治理环境中，该角色与项目集治理委员会和发起人互动，管理项目集并确保交付预期收益。

- **项目集管理办公室**。旨在对与项目集相关的治理流程进行标准化，并促进资源、方法、工具和技术共享的管理结构。
- **项目经理**。由执行组织指派，负责领导团队实现项目目标的人员。在治理环境中，该角色与项目集经理和项目集发起人衔接，管理项目的产品、服务或结果的交付。
- **其他干系人**。这些干系人包括该项目集所构成的项目组合的经理，以及接收该项目集所提供能力的运营经理和产品经理。

以下列出的每个角色所承担的职责仅供参考。开展项目集治理绩效域的活动将履行这些职责，并且角色间的分配通常依赖于数个设计因素（见第 3.6.3 节）。

3.6.2.1 项目集发起人

项目集发起人是负责将组织资源投入项目集并确保项目集成功的个人。项目集发起人通常由项目集指导委员会的高管担任，他不仅指导组织和组织的投资决策，而且还对相关项目集的成功有直接的个人利益。在许多组织中，项目集发起人还担任项目集指导委员会的主席，负责指派项目集经理并监督项目集经理的进展。

项目集发起人的典型职责包括：

- 担任项目集指导委员会主席。
- 保障项目集的资金，并确保项目集的目标和任务与战略愿景保持一致。
- 行使与项目集管理相关的决策权。
- 实现收益的交付。
- 消除影响项目集成功的障碍和阻碍。

作为项目集指导委员会的主席或成员，项目集发起人扮演着核心角色。组织需要选择适合的项目集发起人，并确保他们能够有效地履行职责。应提供足够的时间和资源，保障项目集的成功，这往往意味着要从其他管理职责或行政职责中暂时抽身。

发起人的才能、经验和可获得性都会影响项目集的执行效果，在某些情形下，这些因素决定了项目集成败的感知。项目集发起人通常需要在组织内推动变革，以便运营能够适应项目集交付的能力，并确保可获得正面收益，同时妥善处理负面收益。因此，项目集发起人在沟通和干系人争取过程中起着关键作用。通常，有效的发起人展现出下列特质：

- 影响干系人的能力。
- 能在不同干系人群体之间工作，以发现共同受益的解决方案的能力。
- 领导力。
- 决策权。
- 有效的沟通技巧。

3.6.2.2 项目集指导委员会

为确保治理框架得到适当的实施，大多数组织会建立项目集指导委员会（负责定义和实施适当的治理实践）。项目集指导委员会通常由拥有组织洞察力和决策权的个人或群体组成，这些人员对于项目集目标、战略和运营计划的建立非常关键。项目集指导委员会由项目集发起人担任主席，或者由项目集发起人作为其成员。项目集指导委员会通常由决策层的干系人组成，他们因具有战略洞察力、技术知识、职能职责、经营职责、管理组织的项目组合职责，以及（或者）代表重要干系人群体的能力而被选择。通常，项目集指导委员会包括来自负责支持项目集关键元素的职能群体的高层领导者，如负责支持项目集组件的组织高管和领导者。通过这种方式配备项目集指导委员会的人力资源，能够确保治理框架绩效域所描述的活动可以有效解决在项目集执行过程中出现的问题或疑问。项目集指导委员会将确保项目集在拥有适当的组织知识和专业知识的环境中推进，得到一致的政策和流程的有力支持，并能够通过接触决策者而获得授权。

典型的职责包括：

- 为项目集提供治理支持，包括监管、控制、整合和决策职能；
- 提供合格的治理资源，以监督和监测项目集在实现收益交付方面的不确定性和复杂性；
- 提供与组织战略相关的指导；
- 确保项目集目标和规划的收益与组织战略和运营目标保持一致；
- 认可或批准项目集的建议和变更；
- 解决并处理已升级的项目集问题和风险；
- 提供监管和监测，以确保项目集的收益得到规划、度量和实现；
- 在决策的制定、执行、实施和沟通方面发挥领导力；
- 定义需要传达给干系人的关键信息，并确保其一致性和透明性；
- 评审预期收益和收益交付；
- 批准项目集收尾或终止。

在小型组织中，可由高管个人承担项目集监管委员会的职责。

在组织内建立单独的委员会，负责对其监管的项目集的所有关键元素进行维护并承担相应责任，这被认为是提供有效和适应型治理监管的最佳方式。然而，在某些情形下，可能需要将一些项目集报告给多个指导委员会。这些项目集可能包括：由私人企业和政府组织联合发起和监管的项目集；由多个具有竞争关系的私人企业协作管理的项目集；在极其复杂的环境下，主题专家难以组成单独项目集指导委员会的项目集。在这些情形下，在项目集治理计划中清晰地描述项目集治理的体系与方法以及项目集决策的权限，显得尤为关键。

3.6.2.3 项目集管理办公室

项目集管理办公室有助于推动治理实践。它是使项目集相关的治理过程标准化，并促进资源、方法论、工具与技术共享的管理结构。项目集管理办公室提供专业的知识，依托在应用项目集治理实践方面接受过严格培训的职员，为项目集提供监管、支持和决策能力。项目集管理办公室的角色可扩展至对项目集管理实践合规性的监管。

根据所处的环境，可对项目集管理办公室的设计和创建进行剪裁。例如，对于那些要执行规模特别巨大、十分繁杂或复杂的项目集的组织，可能应建立多个项目集管理办公室，其中，每个项目集管理办公室可能仅专门负责实施一个或多个关键的项目集。项目集管理办公室的其他形态可能包括：企业项目管理办公室（EPMO），该办公室可同时存在于执行组织和客户的运营组织；战略企业项目管理办公室（Strategic Enterprise Project Management Office，SEPMO）；转型办公室（Transformation Office，TO）。

与之相反，执行多个项目集的组织通常通过创建项目集管理办公室（作为正式的项目集治理实践卓越中心，服务于项目组合中的不同项目集），来确保其在项目集的管理和治理方面具有较高水平的一致性和专业性。对于任何项目集，都可以创建或利用现有职能的项目集管理办公室。这取决于项目集的具体背景，具有特定技能的人员（如变革和收益管理专家）可被分配至项目集管理办公室。

项目集管理办公室的职能可能授权给对项目集管理和治理实践有深刻理解的经理，也可能直接授权给负责监管项目集的项目集经理。有关项目集管理办公室的更多信息，见第 3.6.2 节。

3.6.2.4 项目集经理

项目集经理是负责管理并监督项目集与项目集治理框架互动的个人。项目集经理有权代表项目集指导委员会做出决策。对于商定职权范围外的决策，项目集经理有必要获得项目集指导委员会的授权。许多因素可能影响授予项目集团队的权限，包括项目集经理的经验、项目集和项目集组件的规模与复杂程度，以及在更大的组织环境下管理项目集所需的协调程度。

项目集经理需要确保项目集的目标和任务与组织的整体战略目标保持一致。与治理相关的典型职责包括：

- 评估治理框架，包括组织的结构、政策和程序，并在某些情况下，建立治理框架；
- 监督项目集是否符合治理政策与流程；
- 管理项目集与项目集指导委员会和发起人之间的互动，以及项目集内各组件之间的相互依赖关系；
- 监测和管理项目集的风险、绩效、协同和沟通；
- 管理项目集的风险和问题，并将超出项目集经理控制范围的关键风险和问题升级至项目集指导委员会；
- 监测并报告项目集的整体资金情况和健康状况；
- 评估项目集成果，并向项目集指导委员会申请授权，以变更项目集整体策略；
- 创建、监测和沟通项目集管理计划及关键的内外部依赖关系；
- 管理、监测和跟踪项目集整体收益的实现情况；
- 管理、监测、教练和辅导直接参与项目集的项目经理和其他组件经理。

通过授权和启动组件的方式来实现项目集目标并交付收益。在"父项目集"的指导下对组件进行授权，本质上，与项目集指导委员会对"父项目集"本身进行授权是相同的。因此，项目集有类似治理委员会的功能。项目集经理和项目集团队可能负责项目集组件的治理（通常被称为组件治理）。在这一角色中，项目集经理负责定义用来监测和管理项目集组件的框架、功能和流程。"父项目集"授予项目集监管其组件的自治权程度与"父项目集"提供的机制在组织之间有所不同，而且，有时在同一组织内的不同项目集之间，以及在不同发起人或项目集管理办公室（作为组织治理文件中规定的过程）之间也可能不同。虽然一些组织会选择与"父项目集"相同的治理框架来治理组件，但是，另一些组织允许"父项目集"承担对项目集组件进行独立治理的责任。在这样的环境下，项目集经理可能承担在"父项目集"下建立一套管理组件的治理框架的责任。有关项目集经理角色的更多信息，见第 1.6 节。

3.6.2.5 项目经理

在项目集环境中，项目经理通常是执行组织指派的、负责领导团队实现项目集组件的项目目标的人员。在此背景下，项目经理的职责在《PMBOK®指南》中已经得到定义。这些职责包括：有效地规划、执行和跟踪项目集的组件项目；交付项目章程和项目集管理计划中定义的项目成果。在此职责范围内，项目经理受由项目集经理监督的组件治理（项目集经理扮演的角色类似项目集指导委员会）和项目集团队的约束。然而，角色并不总是治理框架的核心，项目经理与治理相关的典型职责包括：

◆ 管理项目与项目集经理、项目集指导委员会和发起人之间的交互；

◆ 监督项目是否符合治理政策与流程；

- 监测和管理项目绩效和沟通；
- 管理项目的风险和问题，将超出项目经理控制范围的关键风险和问题升级至项目集经理、发起人或项目指导委员会；
- 管理项目的内外部依赖关系；
- 积极促进关键干系人的争取。

3.6.2.6 其他干系人

可能还有其他干系人承担与治理框架相关的角色。项目组合经理可根据组织实现预期收益的计划在选择项目集、确定优先级和人员配置方面发挥作用。

随着项目集的推进，组织的代表（如职能代表和产品负责人）应确保项目集的方向与最终客户的潜在发展需求保持一致。

当项目集向组织交付能力时，只有当组织准备将能力集成至运营时，才能实现预期的或潜在的收益。运营经理通常负责接收并整合其他项目集组件交付的能力，以实现组织期望的收益。最初，这种整合常常导致混乱，但从长远来看，这种整合将形成与以往不同的稳定状态。因此，能力的有效整合对组织和项目集的成功非常重要。负责管理这种变革的人员会向运营经理提供支持。这样的个人可以是发起人、接收业务领域的代表、项目集经理、项目经理，而且在很多情况下，还可以是管理组织变革的专家。该角色在治理方面具有重要意义，因为他传达并执行第 3.6.1 节所描述的治理实践。通常，担任该角色的个人将由相关业务领域的团队提供支持。

其他与治理相关的角色包括特定领域的专家，如风险管理专家、人力资本专家、采购专家和合同专家，他们负责与第三方供应商制定和管理协议。

3.6.3 治理框架的设计和实施

治理框架始于治理参与者的识别和治理实践的建立。治理框架必须符合当地、州和国家的有关竞争、利益冲突和采购程序的法律。同时，还需要定义如何安排与治理有关的角色和履行责任的具体期望。治理实践可能因组织所服务的领域或行业而有所不同。在国家或地方政府、航空航天和国防、银行和金融以及药品开发等不同领域的项目集治理，可能因其独特的政治、监管、法律、技术和竞争环境而具有显著不同的需求。然而，无论在何种情况下，发起组织都寻求实施治理实践，以使组织能够监测项目集对组织战略的支持作用。

有效的治理能够确保战略一致得到优化，同时，项目集的目标收益能够按期交付。治理参与者还要确认已适当争取了所有干系人，并确保适当的支持工具和流程得到了明确的定义和有效的利用。治理实践为确保做出合理决策并提供适当理由奠定了基础，同时也确保责任和义务得到明确的定义和应用。所有这些活动都是在主办方和伙伴组织的政策及标准下完成的，并且要度量是否达到合规要求。

治理框架的设计对项目集的成功具有重大的影响。在极端情况下，不当的治理可能比缺乏治理带来更多的问题，因为它会产生一种错误的一致感、进步感和成功感。在设计项目集的治理规则和框架时，需要考虑很多因素。在优化和定制治理框架时，需要考虑的常见因素包括：

◆ **立法环境**。对于那些受立法改变影响较大的项目集，建立与立法机构直接互动的治理机制可能更加有益。在其他情况下，这种互动可以由公司治理的相关部门代表项目集进行。

◆ **决策层级**。把决策职责落在具备相应能力、责任和权力的层级至关重要。这种方法具有复杂性。例如，在员工不对自己的行为承担最终责任，或者未被要求对自己的行为负责的组织中，更需要控制行为。在其他情况下，备受尊重、成功和有经验的项目集经理和团队可能被赋予比一般项目集经理更大的自主权和决策权。这种自主权可能包括一种健康的失败文化，在这种文化中，团队可以从其成功和失败的决策中获得成长和改进。

- **治理的优化**。通常，应尽可能优化和简化治理框架的规模，同时仍能执行该绩效域的实践。这使角色变得明确，能够获得组织有效且有针对性的支持，最终实现更快速和更有效的决策、认可和批准流程。项目集治理不应重复项目集管理活动。

- **与项目组合和组织治理保持一致**。治理框架受其支持的项目组合治理的影响。项目集治理与组织治理的一致程度取决于项目集治理与企业集团和治理之间的互动数量、类型和相对重要性。通常，在项目集定义阶段，由于治理框架和项目集本身尚在构建，因此，与组织治理保持一致的需求最为强烈。

- **项目集交付**。对于定期向组织交付收益的项目集，其治理水平可能与那些仅在项目集结束时交付全部或大部分收益的项目集有所不同。定期的收益交付可能需要组织运营的持续变更，因此，管理这一变更的治理在整个生命周期中都尤为关键。

- **合约**。对于由接收组织管理和配置人员的项目集，其治理水平可能与由外部交付的项目集有所不同，在这种情况下，管理法律协议需要关注不同的治理方面。

- **失败的风险**。感知到项目集失败的风险越大，治理团队对项目集进展的监测就越严格，项目集成功的概率也越大。这可能体现在健康检查的频率越高，对项目集团队的决策授权就越少。

- **战略重要性**。对组织成功至关重要的高价值项目集，以及交付的收益与战略完全一致的项目集，可能需要不同背景或更高级别的人员加入治理团队。

- **项目集管理办公室**。在许多基于项目或项目集的组织中，集中式的项目集管理办公室会支持该组织的所有项目集的治理工作。在其他组织，项目集管理办公室可能是专为特定的项目集组建的。
- **项目集的资金结构**。当从交付组织（如世界银行）以外获得资金时，并且当出资组织将治理模式作为持续提供资金的条件时，可能对治理设计和所需技能产生影响。

除了这些因素，生命周期的阶段也会影响治理框架，因为，随着项目集的进展，不同治理实践的相对重要性也会有所不同。相应的治理设计应及时与所需的实践保持一致。

由于第 3.6.3 节所述的因素，在优化治理框架时需要考虑许多因素。一旦治理框架得以设计和实施，就必须运用相应的机制来分析和评估其有效性，并不断对其改进和优化。

有关组织、项目组合和项目治理背景下的项目集治理的更多讨论，见《项目组合、项目集和项目治理实践指南》[8]。

3.6.4 与项目集管理原则和其他项目集管理绩效域的交互

治理框架绩效域是监督项目集的执行、管理和绩效的主要机制。通过建立支持项目集的实践，并概述所有相关干系人的明确角色，项目集经理可以有效地与组织的战略和运营目标保持一致。

治理框架绩效的核心任务是设计权责分明的框架，清晰定义每个岗位的职责和责任，构建合理的决策层级，以实现项目集及其组件的最优交付。该框架能够在产品和过程之间建立动态、协同的关系网络。因此，治理框架绩效域会影响治理、变更、团队的团队这些项目集管理原则，以及收益管理、合作、干系人参与、战略一致这些绩效域，同时，治理框架绩效域也会受到这些原则和绩效域的影响（见图 2-1）。

3.7 合作

合作绩效域在内部与外部干系人之间创造协同效应，以优化收益的交付和实现。最终，合作绩效域通过授权项目集领导者和团队在其他绩效域中识别支持收益和价值最佳交付的领域，来帮助项目集团队遵循协同、治理和团队的团队这三个项目集管理原则。

本节内容包括：

3.7.1 影响项目集成功的合作因素

3.7.2 收益与规划价值交付之间的合作

3.7.3 项目集组件与活动之间的合作

3.7.4 与项目集管理原则和其他项目集管理绩效域的交互

合作促进了项目集跨组件实现目标所需的团队协作。然而，项目集层面的合作与项目层面的合作不同，也更为复杂，因为决策依赖于恰当的协同水平。这种协同的动态性涉及跨项目团队和项目集团队的团队结构、内外部合作伙伴、供应商和客户。需要各方共同努力，建立互利的伙伴关系，以获得最佳的绩效成果。

项目集层面的合作要求项目集经理和项目集团队在团队的团队结构内工作，适应并整合项目集管理绩效域和支持活动，以努力优化收益实现。此外，项目有具体的可交付物和成果，而项目集的价值是由可能无法同时交付的或衍生的收益决定的。因此，要规划在项目集的生命周期（管理）中如何实现收益并交付组织价值，需要以合作的方式在各组件之间进行平衡。

应根据项目集在整个生命周期中所需的能力和容量、维持项目集所需的资源，以及协调项目集活动的速度和交付收益的时间来评估合作。成功合作的关键是，在项目团队与项目集团队和其他组件团队之间进行清晰的沟通。

使用项目集层级的责任分配矩阵（RAM）有助于跨项目集组件的合作，以及为特定组件设定期望值。实现这些组件（无论是项目、附属项目集还是其他与项目集相关的活动）的成功，需要的不仅仅是治理框架或干系人参与。为了实现协同这一关键的项目集管理原则，应通过合作来平衡不同的组件需要，这些需要有时可能是相互竞争的，甚至存在冲突。这些冲突的发生可能由于组件之间的竞争性依赖关系、绩效的变化、优先级的变化或组件干系人的不同。项目集团队应始终优先考虑整个项目集生命周期的战略一致性，并防止任何单一成果占据主导地位。

如果项目集是项目组合的组件，合作还旨在有效地管理项目集的生命周期，并使支持活动与项目集生命周期管理保持一致（见图 3-9）。合作是项目集管理绩效域之一，通过领导力和管理能力，来实现项目集层面所需的适应性和弹性，以应对整个组织和项目组合环境中的战略变革。

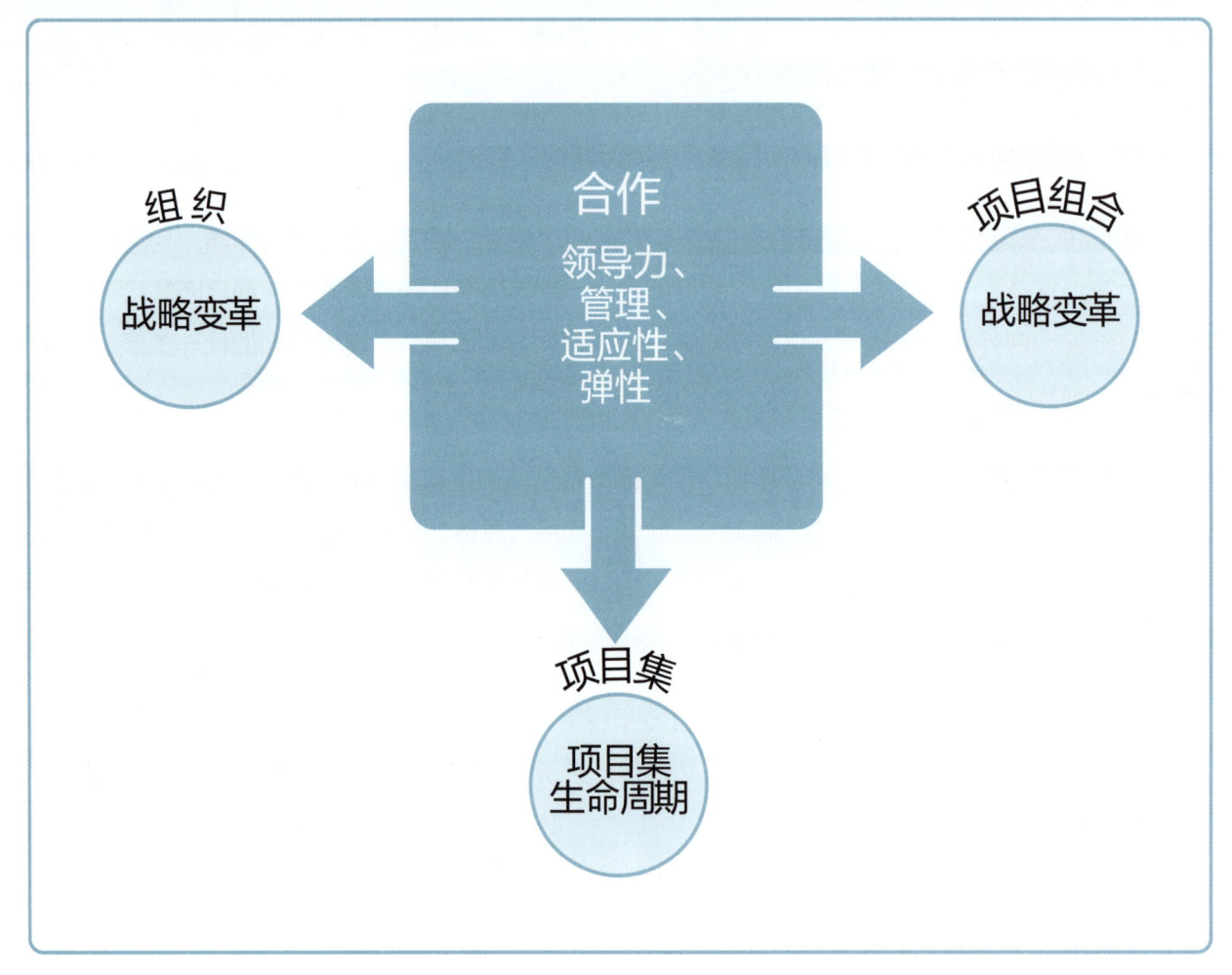

图 3-9　项目集层面的合作

3.7.1 影响项目集成功的合作因素

影响合作成功的因素有很多。虽然这些因素并非仅适用于项目集，但在管理项目集、项目组合或项目时，可以根据需要进行相应的裁剪。管理这些因素对于确保合作以及为交付预期收益和成果的项目集提供支持至关重要。

3.7.1.1 争取

争取是影响任何合作过程成功与否的最重要因素之一。团队的团队和干系人这两个项目集管理原则是争取的关键动因。在合作过程中，需要了解目标、任务和期望，并在干系人和合作伙伴之间就合作过程的成果达成一致。只有当恰当争取每个需要参与的人员时，这种合作过程才有可能实现。争取使项目集管理原则能够通过合作的方式得以实施。未能有效争取关键干系人的后果可能包括：干系人对项目集不感兴趣，对干系人的期望不清晰，对预期成果感到困惑，以及无法实现交付。在项目层面，争取由项目章程、项目规划和合同、干系人争取，以及项目可交付物的成功完成驱动。在项目组合层面，争取侧重于实现项目组合或组织价值的战略一致性。在项目集层面，争取需要干系人与合作伙伴的互动，重点关注收益的交付以及项目集组件和运营的需要。沟通是争取的主要工具，应有效运用该工具使合作发挥作用。沟通对于理解复杂性、应对挑战、澄清模糊性、有效减轻威胁和抓住机会至关重要。

3.7.1.2 一致性

一致性是合作的关键，也是合作的主要原因之一。变更、协同和收益实现的项目集管理原则旨在确保项目集与组织战略的一致性。一致性是指，合作双方就某些方面或期望达成共识和一致。就项目集管理而言，一致性是多方向的，适用于多个领域：

- 项目集与其项目组合或组织之间的战略一致性；
- 项目集与其组成项目、组件及活动之间的收益和成果一致性；
- 项目集合作伙伴之间的可交付物和成果一致性；
- 项目集发起人、倡导者和组织领导层之间的预期回报一致性；
- 治理主体与项目集之间的合规一致性；
- 项目集与组织风险偏好之间的一致性；
- 团队与项目集资源之间的一致性。

3.7.1.3 复杂性

合作的关键成果之一是设法处理执行项目集的复杂性。在项目层面，复杂性通常通过范围管理、渐进明细和变更管理来处理。在项目组合层面，复杂性则通过不断平衡项目组合来处理。在项目集层面，在项目集启动，以及干系人和合作伙伴首次合作时，某些复杂性就已提前明确。其他复杂性会出现在项目集生命周期的任何内部或外部实施领域：程序、容量、沟通、治理、行为、战略或变革。不管怎样，复杂性都会带来不确定性，并可能威胁项目集的目标。解决大多数不确定性需要进行合作，应将这种合作纳入项目集的风险管理过程，将不确定性转化为风险，以便采取相应的减轻措施或将其资本化。协同、风险和变更的项目集管理原则与有效管理项目集的复杂性密切相关。在合作过程中，需要处理或减轻风险，需要探索合作方之间的协同效应以利用机遇，或者监测模糊性和挑战，并采取措施降低复杂性。

项目风险管理专注于将威胁最小化并将机会最大化，项目组合风险管理专注于平衡威胁和机会，而项目集风险的关注点介于这两者之间，因为合作需要分析并评估所需的风险应对措施。复杂性可能成为威胁，悄无声息地削弱合作的有效性。同时，复杂性也预示着某种机会，人们可以创造或利用机会来实现更富有成效的合作。

有关组织、项目组合和项目治理背景下复杂性的深入讨论，见《项目组合、项目集和项目风险管理标准》[6]。

3.7.1.4 透明度

透明度可以实现合作过程的追溯。项目层面的透明度在很大程度上可以通过适当的报告和沟通来实现。然而，在处理更复杂的项目组合、项目集等举措时，合作可能因有意或无意的信息隐瞒而受到影响。正因如此，干系人、领导力和治理这三个项目集管理原则都是关键的驱动因素，能够提供项目集有效合作的透明度。缺乏与领导层或干系人的适当合作，会带来含糊不清和混乱，导致不信任，并降低项目集的透明度。在项目集的执行和合作过程中，适当的透明度可以避免关键信息被隐藏，这是治理的功能和目标。因此，严格遵守治理框架将确保合作具有适当的透明度，这是通过适当的沟通和报告以及公开决策来实现的。在任何合作过程中，缺乏透明度的一个主要影响是，它会削弱各方之间的信任。如果缺少必要的信任，任何合作都可能失败。

项目集/项目管理信息系统在支持干系人之间的透明度方面起着至关重要的作用。

3.7.1.5　协商

协商是有效合作的关键因素。协商由领导力和干系人这两个项目集管理原则所驱动。因此，合作需要多方之间的信息交换，在必要时能够获取项目集干系人和合作伙伴的准确信息至关重要。协商对合作过程的时机有直接影响，因为它直接影响决策过程。应该在正确的时间做出正确的决策，只有在正确的时间咨询正确的干系人以获得正确的信息才有可能。这也要求项目集经理和项目集管理职能部门通过消除壁垒和障碍，进行有效沟通以及确保信息在必要的信息提供者和接收者之间准确、清晰、高效地传递，来促进和协调协商过程。协商的有效性也受项目集所处的整体组织文化的影响。如果文化不透明，不以结果和目标为导向，协商将是被动和程序化的。对于项目集的外部环境，与治理团队或职能部门进行必要的协商也很重要。

3.7.1.6　文化

组织文化是影响合作过程有效性的最重要的单一因素。在以变革为导向的文化中，合作能发挥最佳效用。领导力、变更和风险这三个项目集管理原则是合作文化方面的关键驱动因素。领导力为项目集所处的文化定下基调和基本规则。如果组织存在信息孤岛、缺乏透明度、抵制基于信任的沟通，或者存在隐瞒新出现的信息，并且仅根据官僚程序、权威规范或个人影响力来发布新信息的文化，那么合作将流于形式。文化对项目集组件和项目的影响可能较小，因为它们通常是流程化管理的和过程驱动的。文化将在项目组合和项目集层面产生更强的影响。合作的有效性可能取决于项目集经理、关键干系人或与项目集相关的合作伙伴的个性和影响力。在合作过程中，代表可能基于影响力和权力，而不是为了组织变革的成功而参与和授权。创造积极的、以变革为导向的合作文化需要组织中每个人（从高层领导者到任务工作者）的支持和参与。

3.7.1.7 同理心

项目集经理还应利用合作过程为项目集提供支持。干系人和领导力这两个项目集管理原则是在合作时产生同理心的关键驱动因素。除了严格执行项目集，一个重要因素是对项目集的重要性和有用性的认知。基于认知的不断变化，项目集可能偏离方向、被误解，甚至被提前终止，这可能与实际情况不符。因此，合作不仅体现在程序、流程和人员上，还体现在人们对价值的认知上。除了按部就班地执行项目集，在合作过程中，还应注重并强调对项目集目标、收益和成果的同理心。这直接关系到参与者的士气和兴趣。如果项目集干系人和合作伙伴没有认识到项目集的价值，认为执行项目集（全部或部分）是在浪费他们的时间，或者感觉自己是被迫参与的，或者自己只是在机械地履行职责，那么他们可能消极怠工，也可能主动回避，甚至对实现目标和任务缺乏应有的关注。这反过来又会影响项目集的绩效，以及实现收益目标和规划成果的能力。为了使合作取得成功，项目集经理应关注各方对项目集的感受，并提高他们对组织价值的认知。

3.7.2 收益与规划价值交付之间的合作

项目集的主要目标是以收益的形式提供累积价值（见第 3.4 节）。在项目集的背景下，项目集的价值被定义为所有可量化的和可论证的收益，以及从项目集中获得的所有有形和无形要素的总和。这种价值交付源于组织或项目组合层面的全面规划、战略对齐和精准指导。价值交付系统与项目集的生命周期密切相关，同时，价值交付是通过一系列成果实现的。这种价值交付可能不仅仅表现为收益。项目集团队的整体能力和容量、对组织的无形价值以及在项目集生命周期中的预期成果潜力，都是价值交付等式中的关键因素。

在组织和项目组合层面，规划是为了响应由组织的目的、愿景和使命驱动的战略目标而进行的。图 3-10 展示了组织战略在项目组合层面如何推动合作。这些战略目标为组织的项目集设定了价值期望，并将其转化为从项目集中获得的一组特定收益。

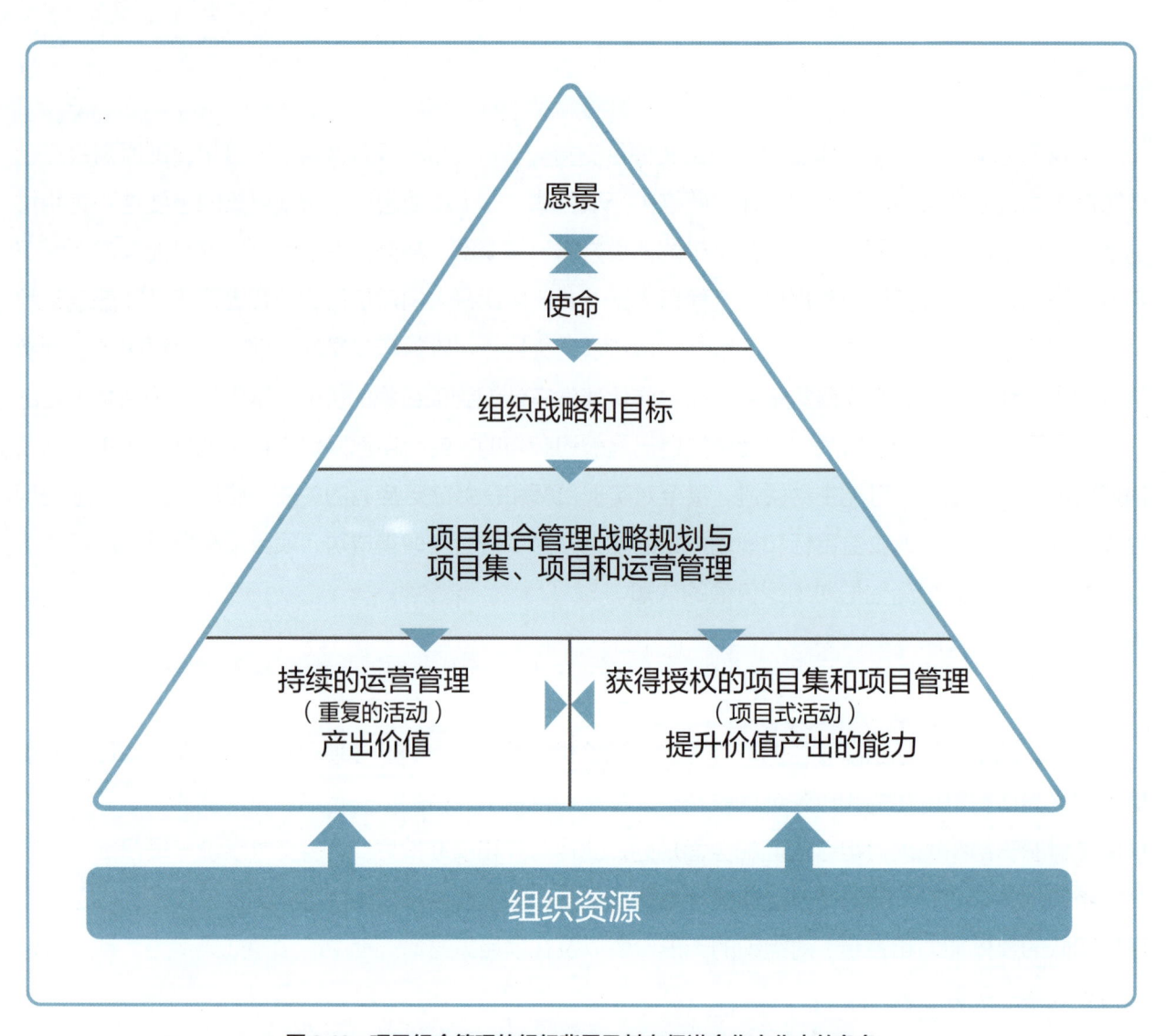

图 3-10　项目组合管理的组织背景及其在促进合作文化中的角色

应将组织和项目组合层面的目标、目标值和价值预期提炼为项目集价值要素和具体的可衡量成果，以便有效规划和实现项目集的收益。这是通过收益管理绩效域（见第 3.4 节）实现的，该绩效域定义了项目集组件及其相互依赖关系，并对其进行了优先级排序。优化价值的合作计划也应成为该过程的一部分，因为应该在项目集的各组件之间利用协同效应。

项目集价值的驱动因素可能包括有形收益和无形收益。在规划过程中，项目集经理应该清楚地了解如何通过合作来增加收益和提高组织的价值。这种对每项收益的把握，以及建设性的合作计划，将使项目集经理能够有效地裁剪管理原则，以成功交付收益。

只有通过跨项目集管理绩效域的合作，才能成功执行项目集层面的规划。这种合作始于对项目集的组织能力和容量的了解，可以在项目组合层面管理这些能力和容量。可以通过与内部和外部组织的合作来弥补不足之处，这意味着要处理冲突，并在项目集的期望、收益和不断演变的挑战（包括约束条件、假设、问题、风险和机遇）之间取得平衡。这些期望和挑战构成了在生命周期管理绩效域内制订项目集管理计划的基础（见第 3.8 节）。

与所有类型的变革管理一样，项目集规划不是一次性的、单一的活动。

这一规划活动受制于变革管理过程本身，因此管理项目集的计划会根据收益预期和收益实现的变化进行调整。因此，合作规划也需要得到逐步发展。

在规划过程中提前了解相互依赖关系并检查可能的协同效应，可以使项目集得到主动平衡。在管理项目集时，如果试图抓住错过的机会或规避挑战，破坏项目集的平衡和节奏，那么被动平衡项目集可能转化为损害控制（或类似形式）。主动平衡项目集需要管理其节奏，而收益规划和收益实现则与总体战略和期望保持一致，这种一致性可以跨组件实现，前提是有足够的合作成熟度。

在项目集层面，项目集经理应理解并促进隐含项目和项目集组件的规划，同时在所需的层级上，控制团队和干系人之间的合作程度。项目集层面的合作需要以精益的方式与价值链上的各个团队进行协作，并支持他们的计划，以便他们能够适应项目集的需要。

治理在规划中发挥着至关重要的作用，因为这些治理结构为如何规划和更新项目集提供了框架，同时还应寻求协同效应来重新平衡项目集。随着项目集的持续平衡，项目集经理应在整个治理结构内进行合作，以确保项目集的战略一致性和价值交付是可实现的。

3.7.3 项目集组件与活动之间的合作

项目集的预期收益及成果应与组织和项目组合的预期及计划保持一致。其结果是合作链，从组织目标到可交付物和成果，这是通过动态的合作过程实现的，在该合作过程中，要考虑项目集及其组件取得成功所需的愿景、使命、战略、收益和成果，以及相应的能力、容量、资源、节奏和伙伴关系。

项目层面和组件层面的成功合作取决于附属项目集、项目集活动、项目经理/运营经理/组件经理、团队及其干系人之间的工作关系，以及他们之间的有效沟通。项目层面的合作需要按照"需求渐进明细"的原则，执行适当的业务分析和系统分析，然后进行有效的变更控制，以管理范围或需求基准。

项目集经理需要通过在治理框架绩效域中展现适当的领导，来有效监督这一过程，以支持范围管理过程、沟通和冲突解决。然而，项目集经理还需要洞察各种项目集组件将要实现的收益（这些收益可能被项目集组件所忽视），因此应该确保合作能支持项目集收益的总体要求和目标。

通常，项目集中的要素（包括附属项目集、项目和组件）往往通过各自的生命周期过程来实现各自的成功，而不一定考虑项目集的更高层面的收益和目标。

当项目集组件的需求与整个项目集的需求不一致时，可能出现这种情况：在某些条件下，需要采取措施来最大限度地减少组件的挑战，这可能增加项目集的整体挑战，甚至引发失败。项目集经理的职责在于，在各个组件的特定要求（或目标）与项目集的总体要求之间保持平衡。项目集经理的目标是确保项目集成功，即使特定组件没有成功。

合作平衡的重要性在于，即使遵循了适当的范围管理、沟通管理、干系人争取和治理程序，项目集也应在项目集的整体收益实现节奏和价值实现进度方面保持平衡。

项目集组件可以遵循其独特的或定制的执行方法。

这些方法（如特定的敏捷或精益方法）通常旨在提高每个项目或组件的整体执行效率和效果，具体取决于每个组件的定义。项目集管理功能还应确保，项目集组件和活动在单独优化或执行效率举措时，不会对其他项目集组件带来挑战，也不会导致项目集收益实现目标的不平衡。如果收益实现的时间节点因项目集组件的效率和速度差异而受到影响，就会发生这种情况。能力和资源容量等外部因素也会影响项目集各组件和活动的进度。要实现项目集的平衡，需要促进项目集组件与活动之间的合作，以便其负责人了解各自的进度将如何影响整个项目集的目标和任务。

3.7.4 与项目集管理原则和其他项目集管理绩效域的交互

在合作绩效域，强调了关键的人际交往技能，如同理心、积极沟通、主动争取，以及重要的公司实践，如透明度、风险，以及建立信任和尊重。在合作的概念中，融入了项目集的所有元素、不受关注的领域、干系人的专业或专长的限制。应在过程中整合各种想法、观点和经验，这样可以促进讨论、解决问题、做出决策，并为参与者带来更多的回报。

此外，强有力的伙伴关系是积极沟通的支柱，例如，就各种项目集实践的收益达成一致；对目标、任务和期望的理解；实现项目集收益（当前和未来）的渴望。这种想法与优先级的相互关联性表明，合作网络与协同、治理和团队的团队这三个项目集管理原则，以及收益管理、干系人参与、治理框架、战略一致和生命周期管理这五个项目集管理绩效域保持一致（见图3-1）。

3.8 生命周期管理

生命周期管理绩效域用于管理项目集生命周期和推动有效的项目集定义、交付和收尾所需的阶段。

本节包括：

3.8.1 项目集定义阶段

3.8.2 项目集交付阶段

3.8.3 项目集收尾阶段

3.8.4 与项目集管理原则和其他项目集管理绩效域的交互

为确保收益实现，项目集在组织的战略目的和目标与各组件之间提供了必要的一致性。这些组件可能包括项目、附属项目集和实现特定目的和目标所需的其他项目集相关阶段。由于项目集在本质上涉及一定程度的不确定性、变更、复杂性以及不同组件之间的相互依赖关系，因此建立一套可应用于不同阶段的通用且一致的流程非常有用。这些独立的阶段有时会相互交叠，共同构成了项目集的生命周期。生命周期管理绩效域贯穿项目集的整个持续时间，在此期间，它有助于其他项目集管理绩效域和支持性的项目集阶段，并与之集成。

在项目集定义、收益交付和收尾方面，项目集的运作和项目类似。然而，与项目不同的是，项目集涉及对多个组件进行协调和排序，其组件数量远超单个项目的需要。项目集生命周期中执行的各个阶段取决于具体的项目集类型，并且通常在资金获批之前或任命项目集经理时便已启动。在定义和批准项目集前，需要完成相当多的前期工作。有关项目集战略一致和治理框架的更多信息，见第 3.3 节和第 3.6 节。

在项目集的交付过程中，对组件进行授权、规划和执行，并交付收益。然而，在某些情况下，在项目集收尾后也会获得一些收益，而不仅是在交付阶段。

当预期收益或项目集目标已经完成，或者项目集指导委员会已经决定终止项目集时，项目集指导委员会将批准项目集收尾。提前终止项目集的原因可能是组织战略的变更（导致项目集不再与组织战略保持一致），也可能是评估的结果（规划的收益已不可能实现）。

项目集经常会持续很长时间——数年，有时长达数十年。无论历时多长时间，所有项目集均遵循相似的轨迹。

为了实现组织的最佳价值和收益，项目集的实施分为三个主要阶段，包括：

- 项目集定义阶段。项目集定义阶段包括一系列项目集阶段，旨在授权项目集，并制订实现预期结果所需的项目集管理计划。在这一阶段，将完成项目集业务论证、项目集章程和项目集路线图。这些文件一旦获得批准，就开始准备项目集管理计划。
- 项目集交付阶段。项目集交付阶段包括根据项目集管理计划执行的各个项目集阶段，以产生每个组件的预期结果。在这一阶段，启动、规划、执行、监测、控制、评估和关闭各个组件，同时交付、过渡和维持收益。
- 项目集收尾阶段。在这一阶段，通过归档文件、将经验教训转移至组织过程资产（Organizational Process Asset，OPA）、退还剩余预算、处置资源，以及将剩余风险移交给组织来技术性地关闭项目集。在收尾期间，工作将被过渡至运营。

图 3-11 显示了组成项目集生命周期的各个阶段。在第 3.8.1 节至第 3.8.3 节，将进一步解释这些阶段。

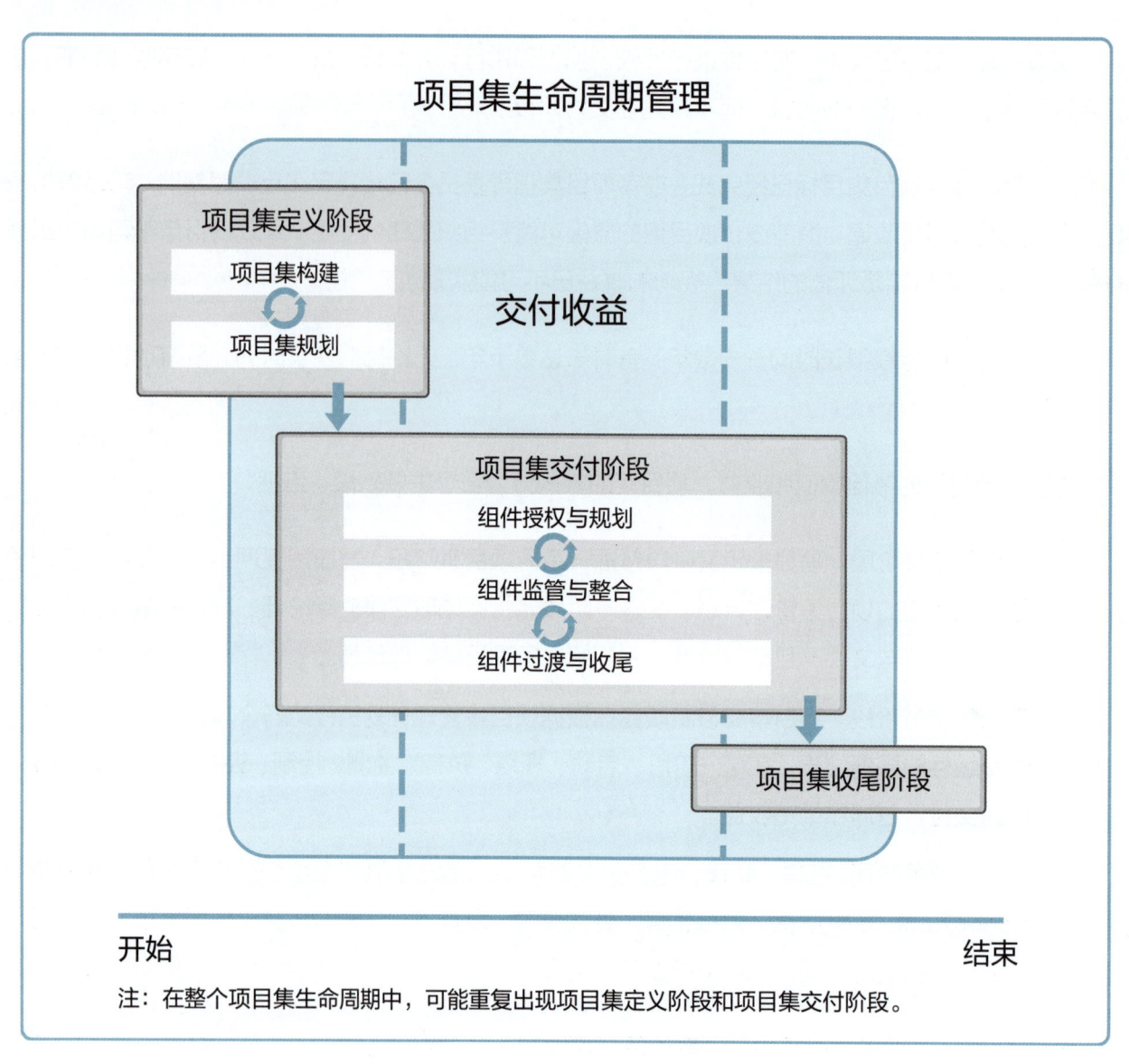

图 3-11　项目集生命周期阶段

3.8.1 项目集定义阶段

项目集定义阶段包括一系列项目集阶段，旨在授权项目集，并制订实现预期结果所需的项目集管理计划；基于组织的业务论证，以实现战略目标或达到项目组合的期望状态。在项目集定义阶段开始前，项目组合管理的主体可能要执行多个阶段。项目组合管理的主体负责开发概念（如产品、服务、组织成果）、范围框架、初始需求、时间线、可交付物和可接受的成本指南。

项目集定义阶段的主要目的是，渐进明细项目集要实现的目的和目标，定义预期的项目集收益和成果，并获得项目集的批准。项目集定义阶段通常分为两个不同的但又相互交叠的子阶段：项目集构建和项目集规划。在项目集构建子阶段，需要甄选和任命项目集经理。

3.8.1.1 项目集构建

项目集构建涉及项目集业务论证的开发，该业务论证说明了项目集为支持战略举措而要实现的总体预期收益。在此子阶段，发起组织也会指派项目集发起人来监督和治理项目集。发起人的关键职责包括确保项目集获得融资，以及选择负责执行和管理项目集的项目集经理。应尽早完成项目集经理的委派，以及其角色、职责、组织界面的定义。因为项目集经理能有效指导项目集构建活动，并推动实现所需的成果。为了展示项目集如何交付预期的组织收益，发起人、发起组织和项目集经理要紧密合作，开展以下工作：

◆ 启动范围、资源和成本的研究和估算；

◆ 进行初始风险评估和其他高阶评估（范围、财务、进度、资源、变更、质量、沟通、采购、信息）；

◆ 制订项目集章程和带有里程碑的项目集管理计划。

还要对范围、资源和成本进行研究，以评估组织执行项目集的能力。此时，应将候选项目集与组织的其他项目集（或项目）进行比较，以确定该项目集的优先级。如果项目组合管理的主体没有制定业务论证，该信息将作为创建业务论证的关键输入。如果在项目集构建之前已经制定了业务论证，则需要对其进行相应的修订和更新。此外，还应执行初始风险评估以分析威胁和机会。这种分析有助于预测项目集成功交付组织收益的概率，并确定风险应对策略和计划。有关项目集风险的更多信息，见第 4.3.11 节。

项目集章程是决定项目集是否获得授权的关键文件。项目集章程可以由项目组合管理的主体进行评审（适用于项目组合结构内的项目集），也可以由治理主体进行评审（适用于独立项目集）。项目集章程的批准意味着正式授权项目集的启动，为项目集经理赋予了将组织资源应用于项目集阶段的权利，并将项目集与正在进行的工作和战略优先级联系起来。如果项目集未得到授权，则应记录该信息，并将文档妥善存档，并将其保存至经验教训存储库。

随着业务结果的度量，以及规划的成果变得更加明确，项目集构建的成果在整个项目集定义阶段会得到持续更新。

3.8.1.2　项目集规划

在项目集指导委员会正式批准项目集章程后，项目集规划阶段正式开始。在该阶段，应建立治理结构，定义初始的项目集组织，并组建团队来制订项目集管理计划。项目集管理计划整合了项目集的附属计划，确立了管理控制和整体规划，旨在整合和管理项目集的各个组件。这些控制使用从内部组件项目收集和汇总的信息，并按照项目集管理计划对绩效进行测量。其主要目的是，确保项目集与组织的战略重点始终保持一致，以交付预期收益。在制订项目集管理计划时，应基于组织的战略规划、业务论证、项目集章程，以及任何其他项目集构建过程的成果。

项目集管理计划是项目集规划阶段产生的关键成果，可以将其整合到一个或多个计划中。项目集管理计划包括以下附属文件：

- 收益管理计划（见第 3.4 节）。
- 干系人争取计划（见第 3.5 节）。
- 治理计划（见第 3.6 节）。
- 变更管理计划（见第 4.3.4 节）。
- 沟通管理计划（见第 4.3.5 节）。
- 财务管理计划（见第 4.3.6 节）。
- 信息管理计划（见第 4.3.7 节）。
- 采购管理计划（见第 4.3.8 节）。
- 质量管理计划（见第 4.3.9 节）。
- 资源管理计划（见第 4.3.10 节）。
- 风险管理计划（见第 4.3.11 节）。
- 进度管理计划（见第 4.3.12 节）。
- 范围管理计划（见第 4.3.13 节）。

一旦项目集管理计划获得批准，就可以启动项目集交付阶段。要记住，无论使用的是适应型规划技术还是预测型规划技术，都需要通过迭代来调整该计划，并且由于业务目标、可交付物、收益、时间和成本等关键因素的变化，可能出现新的约束条件。针对这些因素，项目集管理计划、路线图及其附属计划的更新和修订将由项目集指导委员会来审批或驳回，这将反映项目集正在使用的规划技术。

在项目集管理计划得到评审并正式获得批准后，项目集交付阶段开始。

3.8.2 项目集交付阶段

项目集交付阶段包括根据项目集管理计划执行的各个项目集阶段，以产生每个组件的预期结果。需要将每个组件产生的能力整合至整个项目集，以促进预期项目集收益的交付，因此，可以认为该阶段是迭代的而不是线性的。项目集管理团队提供监管和支持，以确保各组件的工作能够顺利完成。在项目集的整体范围内整合各组件的工作和活动，以便管理和交付项目集收益。本阶段的工作包括项目集和项目集组件的执行。组件管理计划（涵盖成本管理、范围管理、进度管理、风险管理、资源管理等）在组件层面（组件层面的工作）制定，在项目集层面进行整合（整合工作），以便与项目集方向保持一致（项目集层面的工作），从而交付项目集收益。为了使项目集获得成功，要与组件进行互动，以实现目标，管理变更和应对风险与问题。

项目集通常具有相当高的不确定性。虽然项目集管理计划可能记录了项目集的预期方向和收益，但完整的项目集组件可能尚未全部确定，甚至可能并不需要完全了解它们。为应对这种不确定性，项目集经理应采用渐进明细的方法，以便在执行项目集时进行灵活调整。项目集经理负责以一致和协同的方式管理这些组件，以获得单独管理它们所无法取得的结果。每个项目集组件将通过以下项目集交付子阶段进行：

- 组件授权与规划。
- 组件监管与整合。
- 组件过渡与收尾。

3.8.2.1 组件授权与规划

组件授权需要根据组织设定的准则，并为每个组件开发各自的业务论证来启动相应组件。通常要将这些准则纳入项目集治理计划。项目集治理框架绩效域为组件授权流程提供了指导。在授权之前，需要经过多个阶段来确保组件能够有效支持项目集的成果，并与组织的战略和正在进行的工作保持一致。这些阶段可能包括进行需要分析，进行可行性研究或制订计划，以确保项目集实现其预期收益。有关治理框架的更多信息，见第 3.6 节。

组件规划贯穿于整个项目集收益交付阶段，用来响应那些重要的再规划或启动新组件的申请（由相关组件提交申请）。组件规划包括将组件整合至项目集的各个阶段，以确保每个组件都能顺利执行。具体而言，这些阶段包括：正式确定需要组件完成的工作范围；识别那些满足项目集目标和收益的可交付物。

每个组件都有相关的管理计划。这些管理计划包括项目管理计划或组件计划、过渡计划、运营计划、维护计划或其他类型的计划，具体取决于所涉及的工作类型。将每个组件计划的重要信息整合至相关的项目集管理计划。该计划汇集了项目集所需的信息，可用于管理和监督整个项目集的进展。

3.8.2.2 组件监管与整合

在项目集环境中，一些组件可以单独产生收益，然而，另一些组件则需要在实现相关收益前与其他组件进行整合。每个组件团队均需要执行相应的计划和项目集整合工作。在整个活动中，组件团队向项目集经理和其相关组件提供状态和其他信息，这样，整体的项目集阶段便可以与组件的工作进行整合和协调。有案例显示，项目集经理会启动新的组件来管理多个组件的整合工作。若不采取这一步骤，即使单个组件能产生可交付物，但也可能因缺乏协调一致的交付而无法实现收益。

3.8.2.3 组件过渡与收尾

在项目集组件产生可交付物并协调其产品、服务或结果成功交付后，通常将进行组件收尾，或者将其过渡至运营（或正在进行的工作）。组件过渡明确了从项目集组件过渡至运营支持职能的各持续阶段（如产品支持、服务管理、变更管理、用户参与或客户支持）的必要性，以确保实现持续的收益。在治理计划中，记录了执行这些阶段的准则和组织的期望。

在项目集交付阶段结束前，应对所有组件进行评审，以核实是否已经交付了收益，并对剩余的项目和维持阶段进行过渡。在授权项目集正式收尾前，由项目集发起人和项目集指导委员会评审项目集的最终状态。

3.8.3 项目集收尾阶段

项目集收尾阶段包括将项目集收益过渡至维持组织所需的项目集活动，并以受控的方式正式关闭项目集。在项目集过渡期间，咨询项目集指导委员会来确定：（a）该项目集是否已经实现了所有预期的收益，并且所有过渡工作都已在组件过渡阶段完成。（b）是否有另一个项目集或维持活动来监督该项目集所承诺的持续收益。对于后者，可能需要将资源、责任、知识和经验教训过渡至另一个负责维持的实体组织。一旦过渡活动完成，并且项目集经理获得了发起组织的批准，就可以正式关闭项目集。在收尾阶段，将执行具体的活动（见第 4.4 节）。

3.8.4 与项目集管理原则和其他项目集管理绩效域的交互

每个项目集都有其独特性，具有明确的使命和生命周期。从构想到规划，从交付到长期维持，甚至是收尾，项目集的发展离不开其管理团队和相关干系人的专业知识和经验。由于这些人员往往来自多个企业的不同领域，因此，有效沟通和团队协作显得尤为重要。如果他们各司其职，所有参与者就能共同创建富有成效的、持久的、为组织提供丰厚收益的项目集。

生命周期管理绩效域要求项目集经理和项目经理在提升其领导和监管技能的同时，在项目集结构、需求与各种干系人需要之间保持平衡。最终目标是，有效地监测项目集的创建、演变和组织获得的收益。在这方面，生命周期管理绩效域体现了收益实现、协同和治理这三个项目集管理原则，以及收益管理、合作、治理框架、干系人参与和战略一致这五个项目集管理绩效域（见图2-1）。

第 4 章

项目集活动

项目集活动是一些支持项目集实施的任务和工作,其贡献贯穿于整个项目集生命周期。本章包括:

4.1 项目集整合管理

4.2 项目集定义阶段的活动

4.3 项目集交付阶段的活动

4.4 项目集收尾阶段的活动

在项目集中,为实现整体项目集管理目标而执行的所有工作统称为项目集活动。通常,项目集活动相互依赖、互为补充,因为某一项特定活动产生的可交付物可能是执行另一项活动所必需的。这些活动的名称和描述可能与项目活动或过程的名称和描述相似,然而,它们的内容、范围和复杂性是不同的。例如,项目风险管理活动将重心放在影响项目执行和项目成功的风险上,而项目集风险管理活动不仅将升级的项目和项目集风险包括在内,还要监测影响多个组件项目的相互依赖关系。

可在《PMBOK®指南》[1]和《过程组:实践指南》[2]中找到项目活动所使用的过程、工具、方法和工作件。与之相应的项目集活动包含了更多的输入,并且其范围通常也更大。例如,单个组件的项目风险规划的结果为项目集风险规划提供了输入。在组件层面和项目集层面,将持续进行风险控制。项目层面的风险可能被升级至项目集层面,或者可能产生累积效应,从而需要在项目集层面处理这些风险。

需要注意的是，项目集活动直接支持各个组件，使组件活动有助于实现项目集的目标。在项目层面创建的可交付物（直接有助于项目集收益和里程碑的实现）由项目集经理在项目集层面进行监测，以确保与整体项目集策略的一致性。组件活动的管理仍由项目经理负责。

考虑到项目集的范围和复杂性，在项目集的生命周期中将执行许多支持性的项目集活动。项目集活动和项目活动的定义及术语非常相似。然而，项目集活动运行在更高的层级，涉及多个项目、附属项目集和其他项目集，要处理项目集与组织战略之间的联系。尽管项目集活动可能使用组件层面的信息，但关键在于将这些组件信息整合起来，以展现项目集的视角。

支持项目集管理和治理的项目集活动包括：

- 项目集整合管理。
- 项目集变更管理。
- 项目集沟通管理。
- 项目集财务管理。
- 项目集信息管理。
- 项目集采购管理。
- 项目集质量管理。
- 项目集资源管理。
- 项目集风险管理。
- 项目集进度管理。
- 项目集范围管理。

项目集活动为规划、管理和交付项目集的输出和收益提供了战略途径。需要将项目集管理的支持性活动与组织中的职能团队进行协调，与单一项目的类似支持性活动相比，这一协调的范围更大。每项活动的完成度和成果的形式将取决于项目集的规模、行业、组织标准和生命周期。对于使用迭代型和增量型生命周期的项目集来说，其正式活动和输出的数量可能更少。

4.1 项目集整合管理

如第 1 章所定义，项目集管理是指对各种组件（如项目、附属项目集和项目集活动）进行协调，以实现规划的项目集目标和收益。在此过程中，所采用的实践旨在优化或集成单个组件的成本、进度和工作，以在项目集层面而不是组件层面管理收益，并实现收益的最大化。

项目集活动和整合管理涉及在整个项目集生命周期中共同利用可用的资源、知识和技能来部署多个组件。这一过程还涉及就以下方面做出决定：

- ◆ 相互竞争的需求和优先级。
- ◆ 威胁和机会。
- ◆ 资源分配。
- ◆ 因项目集范围的不确定性和复杂性而发生的变更。
- ◆ 各组件之间的相互依赖关系。
- ◆ 协调工作以实现项目集目标。

项目集活动和整合管理在本质上更具周期性和迭代性，因为，可能需要根据实际产生的收益和成果进行调整，以使项目集重新与战略优先级保持一致。

4.1.1 项目集整合管理活动

项目集整合管理是贯穿整个项目集生命周期的核心活动，它包括识别、定义、组合、统一和协调项目集中的多个组件所需的活动。在整个项目集整合活动中，将与其他项目集管理绩效域进行广泛的互动（见第2章）。本节重点介绍以下活动以及它们在整个项目集生命周期阶段的执行情况：

- 制定项目集基础设施（见第4.1节）。
- 管理项目集交付（见第4.3.1节）。
- 管理项目集绩效（见第4.3.2节）。
- 收益管理活动（见第4.3.3节）。
- 项目集变更维持计划（见第4.4.1节）。

4.1.2 项目集生命周期与项目集活动的映射关系

表4-1将项目集管理生命周期的三个主要阶段映射至项目集的支持性活动。虽然这些支持性活动贯穿整个项目集生命周期，但仍需要把每个活动映射至大多数工作发生的阶段。在每个需要考虑的早期阶段都可能进行非正式的预规划。

表 4-1　项目集管理生命周期阶段与核心和支持性活动的映射关系

核心和支持性活动	项目集生命周期阶段			
	项目集定义		项目集交付	项目集收尾
	项目集构建	项目集规划		
项目集整合管理	制定项目集基础设施 管理项目集绩效	规划项目集管理 管理项目集绩效	管理项目集交付 管理项目集绩效 维持收益和过渡项目集	收尾项目集 管理项目集绩效
项目集变更管理	评估项目集变更	规划项目集变更管理	管理项目集变更	规划收益过渡
项目集沟通管理	评估项目集沟通	规划项目集沟通管理	管理项目集沟通 项目集信息分发方法 汇报项目集 更新收益	
项目集财务管理	估算项目集初始成本	估算项目集成本 建立项目集财务框架 规划项目集财务管理	管理项目集财务 编制项目集成本预算 估算组件成本	收尾项目集财务
项目集信息管理	评估项目集信息管理	规划项目集信息管理	管理项目集信息	存档和过渡项目集信息
项目集采购管理	评估项目集采购	规划项目集采购管理	管理项目集采购 管理项目集合同	收尾项目集采购
项目集质量管理	评估项目集质量	规划项目集质量管理	保证和控制项目集质量 控制项目集质量	
项目集资源管理	估算项目集资源需求	规划项目集资源管理	管理项目集资源 管理资源的依赖关系	过渡项目集资源
项目集风险管理	评估项目集初始风险	规划项目集风险管理 识别项目集风险	管理项目集风险 识别项目集风险 分析项目集风险 应对项目集风险	过渡项目集风险
项目集进度管理	评估项目集进度 设置收益里程碑	规划项目集进度管理	管理项目集进度	
项目集范围管理	评估项目集范围	规划项目集范围管理	管理项目集范围	

4.2 项目集定义阶段的活动

项目集定义阶段建立并确认项目集的业务论证，然后制订项目集交付的详细计划。这一阶段分为两个部分：项目集构建和项目集规划。

4.2.1 项目集构建活动

在构建项目集期间，评估项目集的高阶范围、风险、成本和预期收益，以确保项目集能够为组织的发展提供一条切实可行的路径，并且项目集与组织的战略目标保持高度一致。通常，支持构建项目集的项目集活动是探索性的，要考虑多种可替代方案，以确保识别出最符合战略和组织偏好的方案，并批准将其纳入项目集。然而，在某些情况下，在构建项目集期间，会得出"该项目集没有强有力的业务论证"的结论，从而终止项目集。

图 4-1 说明了项目集构建活动如何通过项目集整合管理的核心活动，来为项目集业务论证和项目集章程的制定做出贡献。

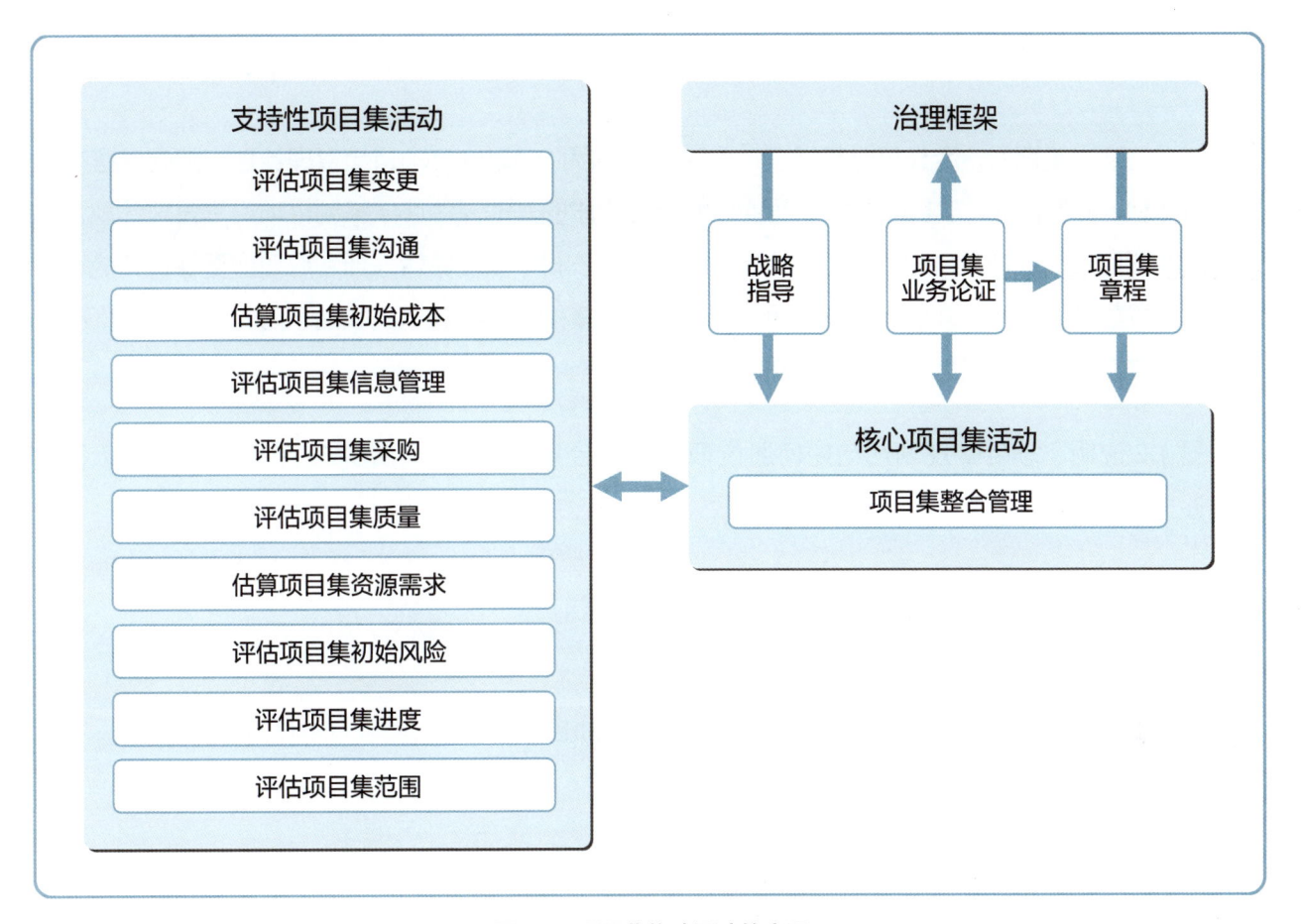

图 4-1 项目集构建活动的交互

第 4 章 项目集活动

4.2.2 项目集规划活动

在规划项目集期间，定义项目集组织，组建初始的团队，以制订项目集管理计划。需要根据组织的战略计划、业务论证、项目集章程以及项目集定义阶段的其他评估成果来制订项目集管理计划。该计划包括项目集组件的路线图和监督项目集交付的管理安排。项目集管理计划应对变更保持开放，因为项目集成功的衡量标准并非其基准，而是组织从项目集的成果中获得的收益。因此，项目集管理计划是参考文档，应将其视为可管理的基准。

图 4-2 说明了项目集规划活动如何通过项目集整合管理的核心活动来支持项目集管理计划的制订。

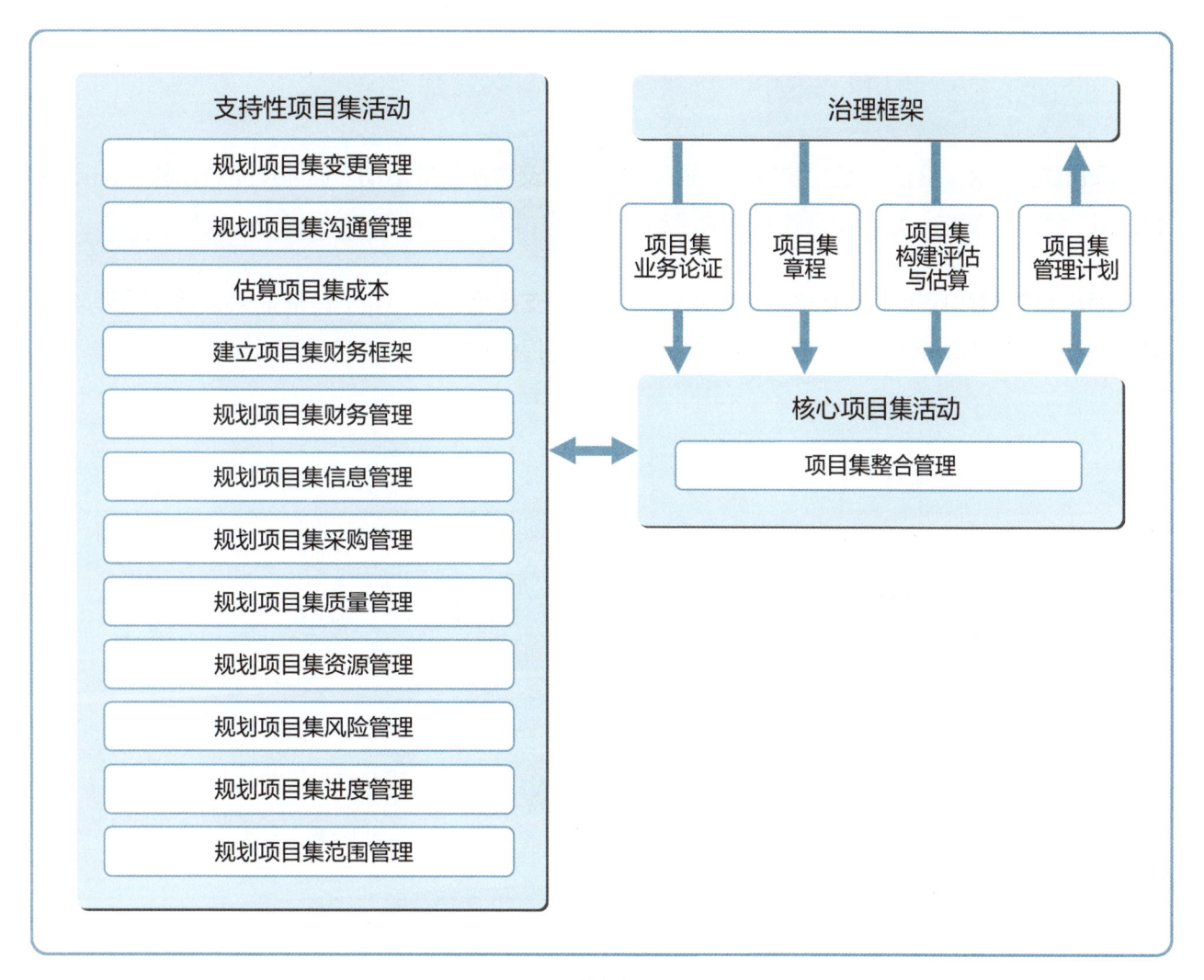

图 4-2 项目集规划活动的交互

4.3 项目集交付阶段的活动

项目集交付阶段的活动包括协调和管理项目集实际交付所需的活动。这涉及变更控制、汇报、信息分发、成本、采购、质量和风险方面的活动。

项目集交付阶段提供贯穿整个项目集生命周期的支持活动和过程，旨在提供项目集管理功能。图 4-3 描述了项目集交付活动如何为项目集和组件管理提供支持。

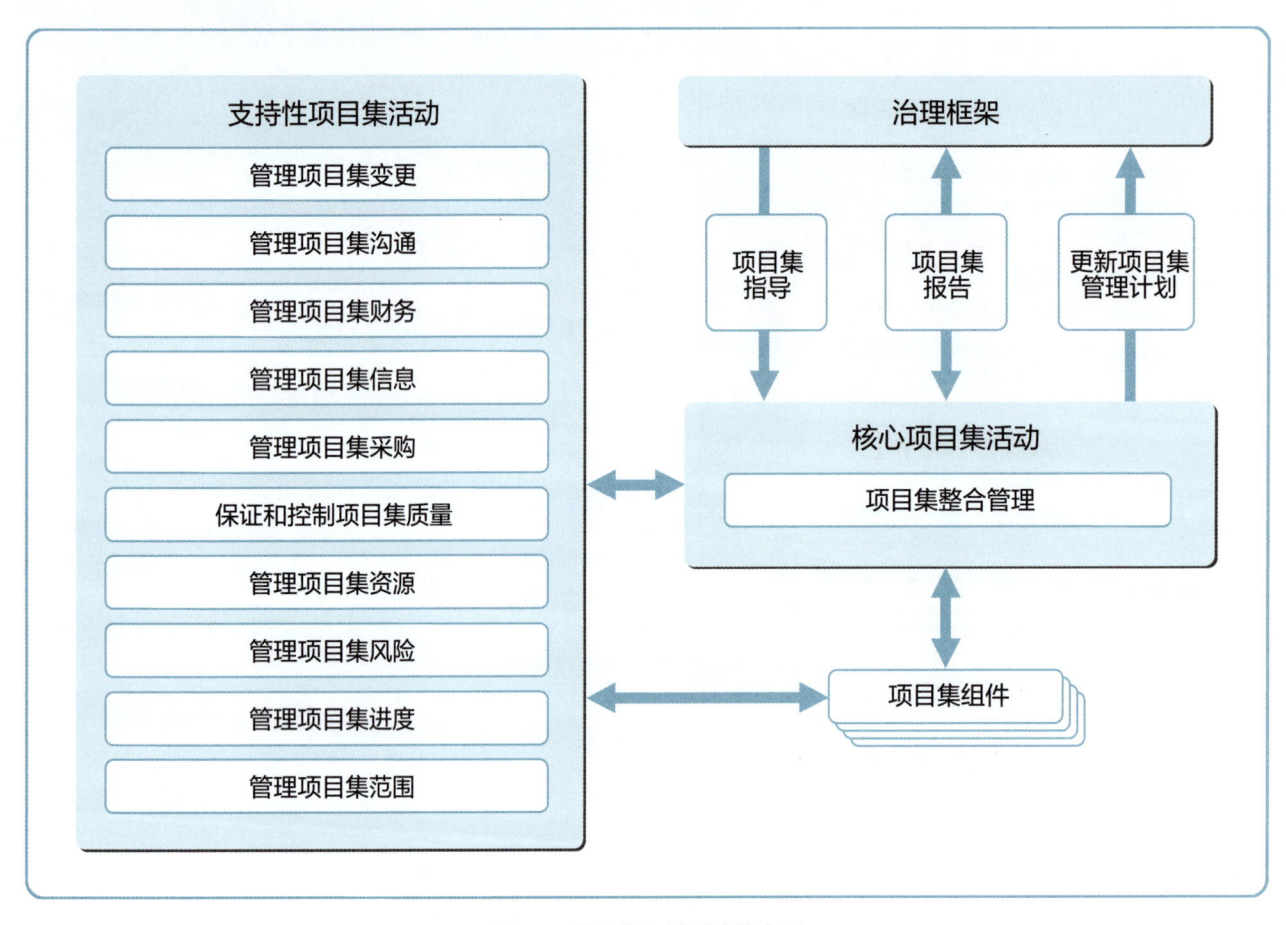

图 4-3　项目集交付活动的交互

4.3.1 管理项目集交付

管理项目集交付包括对项目集组件的管理、监管、整合和优化，确保这些项目集组件交付组织所需的能力和收益，从而实现收益和相关的价值。在整个项目集交付阶段执行这些活动，涉及项目集组件的启动、变更、过渡和收尾。

项目集经理负责提出启动新组件或项目的请求。项目集指导委员会、其他小组或指定的个人根据组织批准的选择标准来评估这一请求。利用治理功能来决定是否启动组件。如果组件得到批准，项目集经理可能需要重新定义现有项目集组件的优先级，以便更有效地分配资源和管理其相互依赖关系。按照项目集团队和组件需求的定义，可能延迟或加速启动组件。在项目集交付过程中，项目集经理将批准或拒绝属于其权限范围内的变更请求，以管理绩效和项目集管理计划中的任何变更。

当项目集组件完成其各自生命周期，或者达到项目集层面的既定里程碑时，项目集经理要与客户或发起人进行合作，共同提出有关关闭或过渡组件的请求。应将正式请求提交至项目集指导委员会、类似小组或指定人员，以供评审和批准。组件过渡的流程包括更新项目集路线图。这些更新反映了"做/不做"的决策，以及影响整个项目集（主要阶段）高阶里程碑、范围或时间安排的已批准的变更请求。

4.3.2 管理项目集绩效

在交付管理期间，管理项目集绩效的活动在项目集和项目组件两个层面执行。这些活动包括绩效管理框架的设计，该框架旨在确定度量、分析和传播绩效信息的最佳方法，以参照基准跟踪项目集目标的进展情况，从而实现数据驱动的治理和管理。持续监测使项目集管理团队能够深入了解项目集当前的健康状况，并识别需要特别关注的领域。通过监测和评估，可确定是否及何时需要采取控制活动（如纠正措施或预防措施），使项目集重新与战略重点保持一致。

有必要在战略层面管理变更，并在组织现有的标准项目管理实践和治理框架中，监测项目集组件的进展情况。

项目集绩效报告包括所有项目集组件的进展情况摘要。报告说明了该项目集的目标是否能达成，以及是否能按计划成功交付收益。这些报告通常提供了以下事项的当前状态信息：已完成的工作、里程碑和阶段关口、待完成的工作、挣值，以及正在考虑的风险、问题和变更。通过预测，项目集经理和其他主要干系人能够评估实现规划成果的可能性，并根据当前的可用信息和知识来预测项目集的未来状态。

4.3.3 维持收益和过渡项目集

在该子阶段，可能需要将维持收益的职责过渡至另一个组织、实体或后续项目集，以最终实现该项目集的收益。收益维持可以通过项目组合、项目集或项目成果来实现。该活动超出了单个项目集组件的范围，因为这项工作通常在项目集关闭后执行。

4.3.4 管理项目集变更

管理项目集变更包括识别、记录、批准或拒绝与项目集相关的文件修改、可交付物修改或基准修改的活动。作为项目集交付过程中的关键环节，项目集变更管理需要监测所有会引发变更需求的项目集内/外部因素。

项目集变更请求是对任何修改项目集文件、可交付物或基准的正式提议。应将项目集变更请求记录至项目集变更日志。需要通过分析项目集变更请求来确定其紧急性，以及对项目集基准要素和其他项目集组件的影响。当存在多种方法来实施变更时，所有参与方应从多学科的角度评估每个选项的成本、风险、（项目集组件之间的）相互依赖关系等因素，以选择最有可能实现项目集预期收益的方法。

一旦项目集经理、项目集发起人、项目集指导委员会或其他适当的授权机构对项目集变更请求做出决定（批准或拒绝），项目集变更控制（流程）就应执行该请求，并确保：

- 将其记录至项目集变更日志。
- 按照项目集沟通管理计划，与相应的干系人沟通。
- 在必要时，将其反映在组件计划的更新中，包括财务管理计划和进度管理计划。

变更决策应符合已定义的升级路径和项目集治理。

4.3.5 管理项目集沟通

项目集沟通管理包括及时且适当地产生、收集、分发、存储、检索和最终处置项目集信息的必要活动。项目集沟通管理涉及协调、指导、支持组件的沟通，以确保与项目集的总体沟通目标保持一致。项目集信息的接收方包括客户、项目集发起人、项目集指导委员会、高管、组件经理，在某些情况下还包括公众和新闻媒体。

本活动的成果包括与项目集沟通相关的内容：

- 项目集、项目、附属项目集或其他工作的状态信息，包括进展、成本信息、风险分析，以及其他与内部或外部受众相关的信息。
- 向项目集团队和组件团队通知项目集变更请求，并回应这些变更请求。
- 向公众披露的、针对内部或外部干系人的项目集财务报表。
- 按照法律和法规要求，应向政府和监管机构提交的外部文件。
- 在陈述前，向立法机构提交所需的简报。
- 向公众发布的公共宣传信息。
- 发布新闻。
- 在内部和外部平台（如领英、公司内网和官方网站）上发布的社交媒体文章和帖子。
- 媒体采访和收益更新信息。

4.3.6 管理项目集财务

一旦项目集接收到初始拨款并开始支付费用，财务工作就转向跟踪和管理项目集的资金和支出。监测项目集财务和控制开支不超出预算，是确保项目集实现投资机构或上级组织目标的关键保障。成本支出超过预算规划的项目集可能不再满足证明其合理性的业务论证，并可能面临取消。即使小额超支也会面临审计和监管，并需要提供合理性说明。通常，应采取财务管理活动，以识别引起预算基准变更的因素。

作为管理项目集财务活动的一部分，必须根据合同、项目集财务基础设施，以及合同可交付物的状态来进行支付。当组件完工时，将关闭该组件的预算。在整个项目集的执行过程中，当对成本有显著影响的变更获得批准时，需要对项目集预算基准进行相应的更新，并设定新的基准。应定期做出新的项目集财务预测，并按照项目集沟通管理计划进行沟通。同时，针对项目集或各个组件的已批准变更也要纳入相应的预算。所有这些活动都可能导致项目集管理计划的更新。

4.3.7 管理项目集信息

在项目集管理、组件管理、项目组合管理、项目集干系人与组织内的项目集指导委员会之间，项目集管理通常会涉及大量的信息交流。管理这些信息并使其能够支持项目集沟通、项目集管理，或者归档，是一项持续且重要的工作，尤其是在同时推进多个项目集（或复杂项目集）的组织中。

根据项目集信息管理计划中确定的信息管理工具和流程，本活动负责收集、接收、组织、存储由项目集活动、项目集治理和项目集组件生成的各类文件及其他信息产品。需要注意信息的准确性和及时性，以避免错误和不正确的决策。项目集信息存储库对于帮助其他项目集活动非常有价值，尤其是当需要参考以往决策，或者准备通过项目集历史信息的趋势来做分析时。

本活动的成果包括对项目集信息存储库的更新，以及为信息分发和项目集报告提供必要的输入。

4.3.7.1 经验教训

经验教训汇集了所获得的知识。这种知识既可能来自过去实施的类似和相关的项目集，也可能存在于公共领域的数据库。在更新项目集干系人登记册、项目集收益登记册、项目集风险登记册、项目集主进度表和项目集沟通管理计划时，或者在考虑对项目集管理计划进行重大变更（包括引入新的项目集组件）时，经验教训是需要审查的关键资产。在必要时，包括在组件完成和项目集结束时，更新经验教训登记册。应优先考虑经验教训登记册的输入，并与项目组合经理、项目集发起人和其他关键干系人讨论关键输入。

4.3.8 管理项目集采购

当项目集采购适用时，项目集经理会使用多种工具和技术来管理项目集采购，但是，管理项目集层面采购的关键目标是为组件制定标准。这些标准可能包括：合格的供货商名单、预先协商的合同、一揽子采购协议和正式的建议书评价准则。

项目集经理常使用的一种方式是，由项目集层面的团队来集中管理和实施所有的采购活动，而不是把采购职责分配给各个组件团队。

一旦项目集标准已经确立，并且已经签署了协议和合同，管理和收尾工作将转移至组件。除非合同影响多个组件（如成本高昂且被协议中多个组件共同使用的设备），否则应在组件层面处理合同可交付物、需求、最后期限、成本和质量的细节。由各个组件经理向项目集经理汇报采购的结果和收尾情况。如果在项目集层面管理合同，则组件经理需要与项目集成员一起协调或向项目集成员汇报可交付物的验收、合同变更以及其他合同问题。

项目集经理在采购过程中要保持透明，确保项目集预算得到合理使用，以获得项目集收益。

4.3.9 保证和控制项目集质量

项目集质量保证和控制涉及与整体项目集质量的定期评价相关的活动，这也为项目集能够满足相关质量政策和标准提供了信心。质量保证不仅包括项目集质量规划，还包括满足客户期望，以及确保收益能够按照预期受益人的定义和期望实现价值。这种质量评审是质量保证的关键可交付物，即为受益人提供令人满意的项目集成果。一旦在项目集规划子阶段中确定了初始质量保证规范，就应该持续地监测和分析质量。项目集经常会开展质量保证审计，以确保进行了适当的更新。新的法律与法规可能带来新的质量标准。项目集管理团队负责实施所有必要的质量变更。由于项目集的持续时间较长，因此在项目集的整个生命周期中都需要对质量保证进行更新。项目集质量保证侧重于跨项目集和组件之间的质量关系，以及当它们存在相互依赖关系时，一个组件的质量规范将如何影响另一个组件的质量。项目集质量保证还涉及分析项目集组件的质量控制结果，以确保项目集的整体质量。

项目集质量控制涉及监测具体的组件或项目集可交付物和结果，以确定它们是否满足质量要求，进而实现收益。质量控制活动有助于在项目和附属项目集层面执行质量计划，应使用与组件评审相结合的质量评审。质量控制贯穿整个项目集生命周期。项目集的结果包括产品和服务的可交付物、管理成果和成本的进度计划、绩效，以及最终用户实现的收益。最终用户的满意度是度量项目集质量的重要度量衡。项目集交付的收益、产品或服务的有效性，最好由接收者来评估。因此，在项目集管理中，经常使用客户满意度调查来衡量质量控制。

4.3.10 管理项目集资源

在项目集交付过程中，项目集经理需要监督和调整项目集资源，以确保收益的交付。对于项目集中的稀缺资源，项目集经理可以通过设定资源优先级来确保该资源在项目集内各组件中得到高效利用。这通常涉及人力资源规划，旨在识别、记录和指派项目集的角色和职责，以落实到个人或小组。

在项目集交付过程中，对职员、设施、设备和其他资源的需求会发生变化。项目集经理在项目集层面管理资源，并与组件经理（在组件层面管理资源）合作，以在项目集需求与资源可用性之间保持平衡。

应基于项目集资源管理计划中的指导方针来进行资源优先级的决策。由于改变现有项目集组件或启动新项目集组件的决策会对项目集资源造成影响，因此，可能需要调整项目集资源管理计划。

通常，会在项目集内的不同组件中共享资源，项目集经理需要确保这种相互依赖关系不会导致收益交付的延误。这是通过细致控制稀缺资源的进度计划来实现的。在当前项目集已不需要某些资源时，项目集经理要确保可将这些资源分配给其他项目集。

项目集经理需要与组件经理合作，以确保项目集资源管理计划考虑了在使用有相互依赖关系的项目集资源或稀缺项目集资源时的变更。

本活动的输出包括项目集资源管理计划的更新。

4.3.11　管理项目集风险

在整个项目集交付过程中，项目集经理需要更新风险登记册并管理项目集风险（见第 3.3.5.4. 节），以确保收益的交付。项目集风险经理的职责是，确保在所有组件项目之中实施风险管理，并向项目集经理报告。

同时，还要进行风险监测，以确定：

- 项目集的假设是否依然有效？
- 有效的项目集风险管理是否还需要与各组件风险管理部门进行协调？
- 有效的危机管理是否到位？
- 未知的未知因素、已知的未知因素和其他定义不清的风险是否会出现？

为应对风险，项目集经理应识别并指导相关行动以减轻风险的负面影响，从而实现潜在的收益并把握机会。项目集经理可以在项目集层面保留应急储备或管理储备，以支持风险应对措施。项目集的应急储备不能替代组件的应急储备，组件的应急储备会设置在组件层面或项目组合层面。

4.3.12　管理项目集进度

管理项目集进度涉及确保项目集按时产生所需能力和收益的活动。该活动包括按项目集主进度表所规划的时间线来跟踪和监测所有高阶组件、项目集活动、里程碑的开始和结束。为了维护项目集主进度表的准确性与及时性，需要及时更新项目集主进度表，并指导各个组件进度计划所需的变更。

管理项目集进度可与其他项目集活动紧密配合，以识别进度偏差并指导必要的纠正措施。项目集管理取决于项目集范围与成本和进度的一致性，这三者相互依赖。进度控制不仅需要识别延误，而且还要发现可以加速项目集或组件进度的机会，并可应用于风险管理。作为风险管理活动的一部分，需要跟踪项目集的进度风险。

还应对项目集主进度表进行评审，以评估组件层面的变更对其他组件和项目集本身的影响。为实现项目集目标，可能有必要在进度计划内加速或减速组件。识别延迟和提前交付都是整个项目集管理功能的一部分。识别提前交付可为加速项目集提供机会。当组件进度出现偏差时，为了实现项目集收益，可能需要批准该组件的进度偏差。鉴于项目集的复杂性和较长的持续时间，可能需要根据已批准的变更请求，更新项目集主进度表，包括新增组件或删除组件，以实现不断演变的项目集目标。当项目集主进度表发生重大变更时，应对项目集管理计划的潜在修改进行评估。

管理项目集进度的活动包括：更新项目集主进度表和项目集路线图，并将识别的进度风险作为本活动的输出。

4.3.13　管理项目集范围

在项目集的发展过程中，项目集经理必须管理好项目集的范围，以确保顺利完成项目集。对组件或项目集有显著影响的范围变更可能来自干系人、项目集内的组件、之前未定义的需求问题或外部因素。

在管理项目集范围时，应根据项目集变更管理计划和项目集范围管理计划执行。该活动应获取范围变更的请求，评估每个变更请求，确定每个变更请求的处理方式，将决策传达给受影响的干系人，并记录变更请求和详细依据。在主要变更请求获批后，可能需要更新项目集管理计划和项目集范围说明书。

当提出项目集范围变更请求时，项目集经理有责任确定项目集的哪些组件会受到影响，并据此更新项目集的 WBS。对于规模非常大的项目集，受影响的组件可能非常多，而且也很难对它们进行评估。项目集经理应仅在分配给组件的层面进行范围管理，同时，应该避免控制那些已被组件项目经理或子项目集经理进一步分解的组件范围。

4.4 项目集收尾阶段的活动

项目集收尾阶段的活动始于项目集组件已经交付所有的输出，以及项目集已经开始交付项目集的预期收益之时。在某些情况下，项目集指导委员会可能决定在所有组件完成之前提前关闭项目集。无论在何种情况下，项目集收尾阶段的项目集活动的目标都是释放项目集资源，并确保将任何剩余的项目集输出和资产（包括项目集的文件和数据库）过渡至组织的日常运营活动。

图 4-4 说明了项目集收尾活动如何支持项目集收尾，以及如何过渡至组织的运营。

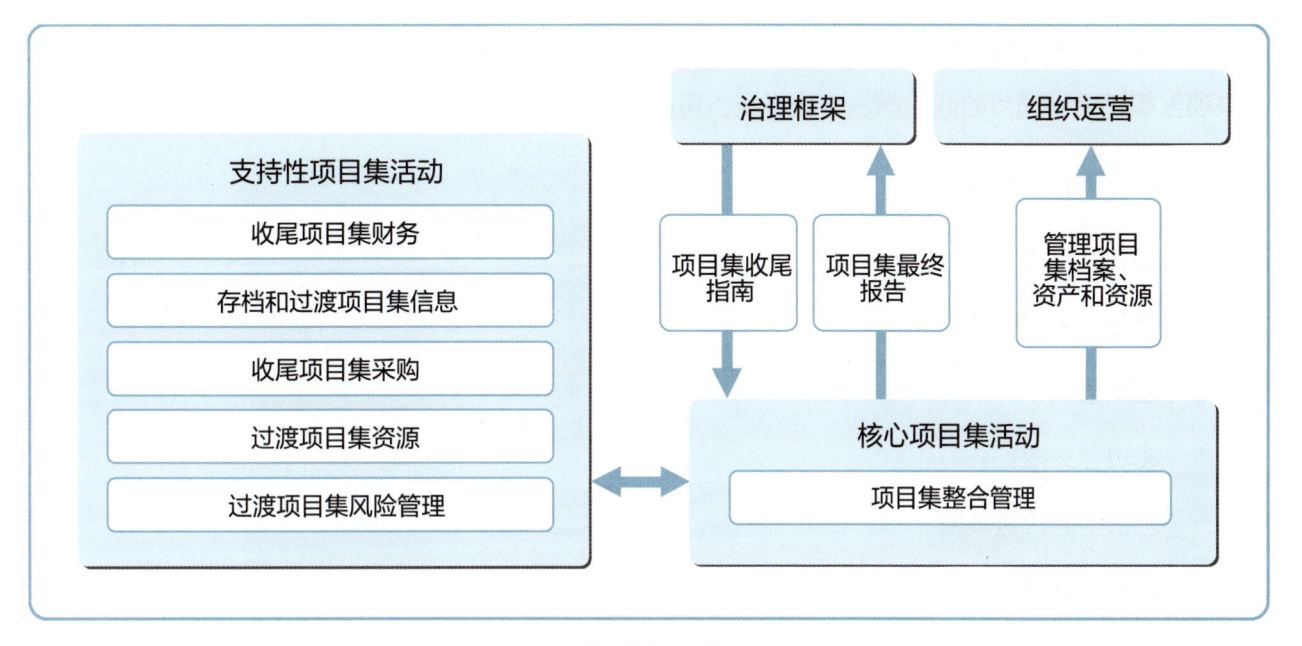

图 4-4　项目集收尾活动的交互

4.4.1 收尾项目集

项目集收尾可能因为项目集章程已得到履行，也可能因为内外部条件的变化而导致项目集提前终止。这些条件包括业务论证的变更（使项目集不再有存在的必要），或者，确定的预期收益不能实现。在收尾期间，收益可能已经完全实现，也可能在组织运营中持续实现并得到管理。项目集的成功完成需要根据已批准的业务论证、实际的项目集成果以及组织的当前目标和战略任务来判断。在项目集结束前，所有的组件应该已完成或终止，分配的资源已释放，并且所有合同应该已正式关闭。一旦满足这些准则，项目集应获得项目集指导委员会或指定团体或个人的正式收尾验收。

作为项目集治理计划的一部分，可能需要编制最终的项目集报告来记录关键信息，以便用于提高未来项目集和组件项目的成功率。该最终报告可能包括：

- 正式的收尾验收。
- 收益过渡计划。
- 财务和绩效评估。
- 经验教训。
- 成功与失败。
- 已识别的改进领域。
- 风险管理成果。
- 无法预见的风险。
- 客户批准。
- 项目集收尾的原因。
- 所有基准的历史记录。
- 用于项目集文档、项目集章程、项目集路线图和项目集管理计划的归档计划。

4.4.2 收尾项目集财务

为了实现项目集收尾，可能需要进行估算，以确定维持项目集收益的成本。重要的是，要核实这些成本是否被归集。尽管许多成本已在项目集收益交付阶段随组件交付一同归集到运营、维护或其他活动中，但依然可能有后续的活动来监督这些持续的收益。这种维护工作既可能被构建成单独的项目或项目集，也可能作为新的工作合并至不同的项目组合、项目集、新的或已存在的运营工作。当项目集接近完成时，将关闭项目集预算，并按照项目集沟通管理计划沟通最终的财务报告。任何未使用的经费都要归还给资金提供方。

一旦制定了维护活动的预算，交付了收益，并执行了维护活动，项目集财务的过渡就宣告完成。

4.4.3 存档和过渡项目集信息

出于法律原因，或者为了支持后续的运营或其他项目集，可能需要收集项目集记录，并对项目集记录进行整理，以便归档或由组织的其他部门使用。该活动的范围包括对各种记录或组件文件进行收集和归档。

在项目集收尾期间，有效的信息管理还包括，向新的支持性组织提供文件、培训或材料，以实现项目集知识的转移，从而确保项目集收益的持续维持。项目集经理可以评估项目集的绩效，收集项目集团队成员的意见，并提供最终的经验教训报告，该报告汇集了在整个项目集/组件活动期间所积累的经验教训。这份最终的经验教训报告可以向组织中其他项目集的治理和管理人员提供信息，帮助他们在项目集交付过程中应对问题和挑战。

经验教训的收集是贯穿整个项目集的持续过程，在项目集收尾和最终归档之前，应使用版本系统进行适当的更新和记录。经验教训是之后项目集的重要信息来源，有助于避免未来可能出现的问题，选择更好的供应商，获得更好的服务，并提高项目集团队的估算准确性。

4.4.4 收尾项目集采购

在确保所有可交付物已圆满完成,所有款项均已支付,并且没有未解决的合同问题后,收尾项目集采购活动将正式关闭该项目集的每项协议。对于提前关闭的项目集,收尾项目集采购活动需要管理有效合同的解除,以防止产生不必要的成本。

4.4.5 过渡项目集资源

确保项目集资源在项目集收尾时得到正确释放是很重要的,这可能涉及团队成员的重新分配或重新委派,以及为其他项目(集)提供资金。在组件层面重新分配资源可能包括:将资源转移至正在执行的其他组件或组织内需要类似技能的其他项目集。有关组件项目资源处置的更多信息,见《PMBOK® 指南》[1]。

有效且恰当地释放项目集资源是项目集收尾的重要活动。在项目集层面,项目集指导委员会、其他团体或指定个人负责释放资源,这是获得项目集收尾批准的系列活动之一。

本活动的输出包括释放给其他组织部门的资源、已购基础设施的退还或出售、已取消的租赁和负债,以及过渡至其他项目集再次使用的材料。

4.4.6 过渡项目集风险管理

尽管项目集已收尾，但可能存在影响组织实现收益的剩余风险。项目集风险管理活动应将这些风险以及任何支持性的分析和应对信息，过渡至恰当的组织风险登记册。这可能由不同的组织机构（不一定是实现收益的组织机构）来管理，如组织内的项目集管理办公室。

附录 X1

项目集的活动、工具和技术

本附录提供了在整个项目集生命周期中为支持项目集而进行的任务和工作示例。除了本标准提供的信息，有关项目集管理的活动、工具和技术的进一步指导可在 PMI 标准+®（与 PMI 出版物配套的线上平台，需要 PMI 会员资格或付费订阅）中找到。

X1.1 制定项目集基础设施

制定项目集基础设施是为了调查、评估和规划有助于项目集实现其目标的支持结构。该活动在项目集定义阶段启动，并可能在项目集生命周期的任何时间点再次重复，以更新或修改基础设施。

制定项目集基础设施的主要目的包含两个方面。它建立了项目集及其组件的管理资源和技术资源。这种基础设施包括用于管理项目集的人员、特定项目集的工具、设施和财务。

尽管在项目集定义期间指派了项目集经理，但项目集管理核心团队是在建立项目集基础设施的过程中被指定的。核心团队成员可能不一定全职分配至该项目集。然而，这些关键干系人在确定和制定项目集基础设施需求方面起到了重要作用。

对于许多项目集，项目集管理办公室是项目集基础设施的核心部分。它为项目集和组件工作的管理及协调提供支持。项目集管理办公室还为组织内的项目集制定了一致的政策、标准和培训。项目集基础设施的一个关键要素是项目集管理信息系统（PMIS）。PMIS 集成了多种工具，旨在收集、整合和传递对管理一个或多个项目集至关重要的信息。有效的 PMIS 包含以下内容：

◆ 软件工具，如工作空间聊天、视频会议、文件存储和应用程序集成。

◆ 文件、数据和知识储备库。

◆ 配置管理工具。

◆ 变更管理系统。

◆ 风险数据库和分析工具。

◆ 财务管理系统。

◆ 挣值管理活动和工具。

◆ 需求管理活动和工具。

◆ 所需的其他工具和活动。

这些资源的使用应与管理项目集中各个组件所需的资源区别开来。区别的关键在于，大多数资源和项目集成本是在组件层面而非项目集层面进行管理的。

X1.2 评估项目集变更

作为项目集构建的一部分，识别和评估潜在的变更管理事项有助于制定项目集的业务论证。评估项目集变更包括识别变更的来源，如企业环境因素（EEF）的易变性、提议的项目集业务论证对组织战略变化的敏感性，以及在项目集交付过程中可能出现的组件变更的频率和幅度。然后，需要估算这些来源可能引起的变更的可能性和潜在影响，并提出可采取的措施，从而使项目集能以积极且非破坏性的方式对这些变更做出反应。

本活动的输出是项目集变更评估，它是项目集业务论证、项目集章程，以及规划项目集变更管理的输入。

X1.3 评估项目集沟通

项目集沟通管理不同于项目沟通管理。由于项目集沟通管理所影响的干系人众多，而且这些干系人的沟通需求差异巨大且不断变化，所以需要采用不同的沟通途径和方法。

最初的项目集沟通需求评估是项目集章程的重要输入。考虑到项目集的范围更大，涉及众多干系人，保持与内部和外部干系人的有效沟通可以防止产生更严重的问题。作为项目集构建的一部分，调研项目集干系人可能是有价值的，因为这可以识别他们对项目集成果的期望，以及他们在项目集交付期间对知情和参与的兴趣。

本活动的输出是项目集沟通评估，它是项目集业务论证、项目集章程、干系人争取计划和规划项目集沟通管理的输入。

X1.4 评估项目集初始成本

项目集业务论证的关键要素包括对项目集总成本的估算，以及该估算的置信水平。最初的成本估算在项目集定义阶段完成，以确定项目集的规划成本和交付成本。这份初始的、粗略量级（Rough Order of Magnitude，ROM）的估算有助于财务决策者判断项目集是否应获得资金支持。由于可用的信息、时间和资源的限制，很难制定出非常详细或准确的成本估算。通常，成本估算仅限于粗略量级估算。鉴于这些挑战，识别那些无法估算的费用性质和来源也可能是有益的。

本活动的输出是项目集初始成本估算，在规划项目集期间，它是项目集业务论证、项目集章程、详细的项目集成本估算的输入。

X1.5 评估项目集信息管理

项目集在其生命周期中可能生成大量的文档、数据和其他记录。如何轻松地收集、分享和维护这些信息可能对项目集团队的效率，以及干系人对项目集的认知都有重大影响。项目集信息管理需求应作为项目集构建的一部分，以便评估财务、组织、项目管理文化成熟度或资源的潜在影响。

本活动的输出是项目集信息管理评估，在规划项目集期间，它是项目集业务论证、项目集章程、规划项目集信息管理的输入。

X1.6 评估项目集采购

评估项目集采购的需求是项目集章程非常有价值的输入。尽管采购政策和实践通常属于项目集被授权之前就已存在的组织或环境因素的一部分，但是，在某些情况下（例如，涉及公私合作的项目集，或者，涉及的组织或工作在多个国家的项目集），项目集本身就面临着独特的采购挑战。当采购面临特殊挑战，或者，在项目集交付期间需要投入大量精力时，应在项目集定义期间评估项目集采购。

本活动的输出是项目集采购管理评估，在规划项目集期间，它是项目集业务论证、项目集章程、规划项目集采购的输入。

X1.7 评估项目集质量

对质量约束、期望、风险和控制的评估应作为项目集构建的一部分。可能将组织或监管机构的质量标准作为项目集交付的重要约束条件，这在合规项目集中尤为突出。对项目集输出的质量期望可能是确定项目集成本、所需项目集基础设施和资源的重要输入。项目集的供应商遵守质量标准的能力可能是项目集采购和风险评估的重要考虑因素。最后，项目集质量评审或审计的需求也可能被视为确保项目集治理有效性的重要因素。

本活动的输出是项目集质量评估，在规划项目集期间，它是项目集业务论证、项目集章程、规划质量管理的输入。

X1.8 估算项目集资源需求

规划和交付项目集所需的资源包括人、办公场地、实验室、数据中心、其他设施、所有类型的设备、软件、在线协作工具、平台和办公用品。在准备项目集业务论证时，需要对所需资源进行估计——特别是人和设施，这类资源可能需要较长的提前期或者影响到正在进行的活动，并体现在项目集章程中。

本活动的输出包括项目集资源需求估算，在规划项目集期间，它是项目集业务论证、项目集章程、规划项目集资源管理的输入。

X1.9 评估项目集初始风险

项目集风险是一个或一系列不确定的事件或条件，一旦发生，会对项目集的成功造成影响。通常，将积极的风险称为机会，将消极的风险称为威胁。这些风险源于项目集的组件及其之间的相互作用，如战略变化；项目集复杂性的增加及其对治理的影响；干系人争取；交付项目集收益；技术、结构、时间或管理复杂性的增加；进度或成本的约束条件。

在项目集定义期间对风险的评估包括两个方面。首先，识别项目集可能面临的关键风险以及这些风险发生的概率和潜在影响，并将其作为项目集业务论证和项目集章程的输入。其次，评估组织接受和处理这些风险的意愿（有时也被称为组织的风险偏好），这对于确定在项目集交付过程中监测和评估风险所需的工作量至关重要。

本活动的输出是项目集初始风险评估，在规划项目集期间，它是项目集业务论证、项目集初始成本估算、项目集章程、项目集路线图、规划项目集风险管理的输入。

X1.10　评估项目集进度

评估项目集预期交付日期和收益里程碑是项目集章程的一部分。这份初始评估也应说明评估活动持续时间的置信水平，并识别如果活动出现严重延误，可以启动哪些替代活动。

本活动的输出是项目集进度评估，它是项目集业务论证、项目集章程、项目集管理计划，以及规划项目集进度管理的输入。

X1.11　评估项目集范围

项目集范围定义了交付收益（具有特定特征与功能的主要产品、服务或结果）所需的工作，以及在项目集层面的主要管理活动。项目集范围管理包括定义、开发、监督和核实项目集范围的活动。范围管理使项目集的范围与项目集的目标和任务保持一致。它将工作分解成可交付物的组件产品，旨在交付相关收益。

评估项目集范围，涵盖范围边界、与其他项目集/项目的联系，以及正在进行的活动，是项目集章程的一部分，并可为初始的成本、变更、资源、风险和进度评估提供必要的支持。

基于项目集的目标和任务，这个初始的项目集范围评估有助于制定项目集范围说明书。项目集章程的这一输入可以通过项目组合管理或干系人协调活动，由项目集发起人或干系人提供。

本活动的输出是项目集范围评估，它是项目集章程的输入。

X1.12 规划项目集变更管理

在项目集的执行过程中，应建立变更管理活动来管理项目集变更。项目集变更管理计划是项目集管理计划的组成部分，它确立了项目集变更管理的原则与程序，包括：获取变更请求的方法；评估每个变更请求；决定每个变更请求的安排；将变更决策传递给受影响的干系人；记录变更请求和相关细节；授权资金和工作。变更管理计划的重点在于，如何评估变更（例如：组织层面的变更，包括项目集发起人和项目集指导委员会；成本变更；组件变更；项目集管理计划变更；技术变更）的影响，对项目集成果的影响，以及对干系人期望收益的影响。基于上述假设，项目集指导委员会应该对触发变更流程的变更阈值达成一致。

本活动的输出包括项目集变更管理计划、项目集变更阈值。

X1.13 规划项目集沟通管理

不能低估或忽视管理项目集内部和外部沟通的重要性。项目集经理要花费大量的时间和精力与项目集干系人沟通，包括项目集团队、组件团队、组件经理、客户、项目集指导委员会、高管以及项目集发起人。如果在沟通上投入不足，则有可能发生重大问题。项目集沟通管理包括及时地促进和恰当地产生、收集、分发、存储、检索及最终处置项目集信息的活动。这些活动在人员与信息之间搭建了必要的桥梁，这对于沟通和决策至关重要。

规划项目集沟通管理活动旨在明确项目集干系人的信息和沟通需求，具体包括：谁需要什么信息；何时需要信息；如何提供信息；由谁来提供信息。项目集沟通管理计划是项目集管理计划的组成部分，描述如何、在何时、由谁管理和传播信息。应清晰地定义沟通需求，以便在项目集与项目集组件之间以及项目集与适当的干系人之间传递信息，并确保信息内容的有效性和传递方式的针对性。应将具体干系人的沟通需求纳入干系人登记册。

随着项目集的进展，会有其他组件加入，还会识别和添加新的干系人。在规划沟通时应考虑这种差异。在制订沟通管理计划时，应考虑文化和语言差异、时区以及其他与全球化有关的因素。尽管复杂，但规划项目集沟通管理对于任何项目集的成功都至关重要。

本活动的输出包括项目集沟通管理计划，以及作为干系人登记册输入的沟通需求。

X1.14 估算项目集成本

估算项目集成本在整个项目集执行过程中进行，是业务论证合理性的核心要素。许多组织采用阶梯式的出资流程，在项目集的每个主要阶段都进行一系列的"做/不做"决策。这些组织认同总体的财务管理计划，但每个治理里程碑仅对下一个阶段做出预算承诺。

为了在估算过程中得出置信因子，基于待执行工作的风险和复杂程度，可能需要运用权重或概率。可以使用统计技术，如蒙特卡罗模拟。可通过这种置信因子来确定项目集成本的潜在范围。在确定项目集成本时，决策者不仅要考虑开发和实施成本，还要考虑在完成项目集后可能发生的维持成本。通过计算含过渡和维持成本的全生命周期成本，我们可以得出项目集的总持有成本。为辅助投资决策，通常认为总持有成本与项目集的预期收益差异相关。可以使用许多估算技术来进行项目集成本估算。

项目集成本估算还应识别做出估算的任何假设和约束条件，因为这些假设和/或约束条件在项目集交付过程中可能被证明是不成立的，需要重新考虑项目集业务论证或修改项目集管理计划。

最终，项目集成本估算可以支持或指导组件层面的成本估算。对于适用于组件层面的任何现行项目集层面的成本估算指南，都应予以记录并将其传达给组件经理。

本活动的输出包括项目集成本估算、项目集成本估算假设、组件成本估算指南。

X1.15 建立项目集财务框架

项目集的类型和投资结构决定了项目集持续期间的财务环境。资金模型存在差异，例如：

- 完全由单一组织提供资金。
- 由单一组织管理，但分别提供资金。
- 完全由母公司之外的组织进行投资和管理。
- 由内部和外部组织共同提供资金支持。

通常，项目集本身有一种或多种投资来源，并且项目集组件的投资可能有完全不同的来源。除了资金来源，拨款的时机对项目集的执行能力也有直接影响。相较于项目，项目集的成本往往在产生收益前（通常要早数年）发生。在项目集开发过程中，融资目标就是获得资金，以弥补因开发项目集而支出资金与获得项目集收益之间的差距。如何以最有效的方式来填补这一巨大的负现金流是项目集财务的关键挑战。由于投入大多数项目集的资金量都十分庞大，资金提供组织通常不会仅作为被动参与者，相反，资金提供组织会对项目集管理以及业务领导者、技术领导者和项目集经理的决策产生重大影响。正因为如此，应与项目集发起人和其他关键干系人进行积极的、尽可能全面的且及时的沟通。

项目集财务框架是高阶的初始计划，用于协调可用资金，确定约束条件并决定如何分配。财务框架定义并描述了项目集的拨款资金流，从而按照项目集实现收益和完成过渡的需求花费资金。

在项目集财务框架的制定和分析过程中，可能识别出影响原始业务论证合理性的变更。基于这些变更，应在决策者的充分参与下修订业务论证（见第 3.3.1 节）。

重要的是，要理解项目集发起人和资金提供组织代表对财务安排的具体且独特需求。为体现这些需求，可能需要更新沟通管理计划和干系人争取计划。

作为项目集定义的一部分，建立财务框架通常发生在项目集构建子阶段。

本活动的输出包括项目集财务框架、业务论证更新，以及项目集沟通管理计划和干系人争取计划的更新。

X1.16 规划项目集财务管理

项目集财务管理包括以下活动：识别项目集财务来源和资源、整合项目集组件预算、制定项目集总体预算，以及在项目集执行过程中进行成本控制。在这样的环境下，项目集财务管理计划是项目集管理计划的组成部分，它记录项目集财务的各个方面：拨款进度与里程碑、初始预算、合同付款与进度、财务报告活动与机制，以及财务度量衡。

项目集财务管理计划可在项目集财务框架的基础上进行扩展，并描述以下管理事项：风险储备、潜在的现金流问题、国际汇率波动、远期利率升降、通货膨胀、货币贬值、与财务相关的当地法律、原材料成本趋势、合同激励和处罚条款。财务管理计划还包括项目集组件资金的批准和授权流程。对于依靠内部资金（如留存收益、银行贷款或债券发行）支持的项目集，项目集经理需要考虑合同付款进度、通货膨胀、前述因素及其他环境因素。当制订项目集财务管理计划时，项目集经理也应将任何组件的支付进度、运营成本和基础设施成本考虑在内。

在制定项目集的初始预算时，需要汇集全部可用的财务信息，并详细列出收入和支出的进度表，这样，可将项目集的成本作为项目集预算的一部分，并对其进行跟踪。预算一旦被基准化，就可成为测量项目集的主要财务目标。

制定衡量项目集收益的财务度量衡非常重要。通常，这是一种挑战（还要考虑项目集的规模和时长），尝试建立因果关系是非常困难的。项目集团队和治理委员会的任务之一就是建立并验证这些财务绩效指标。

在项目集的执行过程中，由于会发生成本、进度和范围变更，需要将这些财务度量衡与用于批准项目集的初始财务度量衡进行对比。在一定程度上，有关继续、取消、更改项目集的决策，取决于这些财务度量衡的结果。作为财务管理计划的一部分，应将已识别的项目集财务风险整合至项目集风险登记册。

本活动的输出包括：

- 项目集财务管理计划。
- 初始项目集预算。
- 项目集拨款进度表。
- 组件支付进度表。
- 项目集运营成本。
- 项目集风险登记册的输入。
- 项目集财务度量衡。

X1.17 规划项目集采购管理

在进行项目集采购管理时，应用必要的知识、技能、工具与技术来获取产品和服务，以满足整体项目集以及构成项目集的项目/组件的需求。规划项目集采购管理涉及获取产品和服务的必要活动，因此，它关注的是管理整体项目集以及构成项目集的项目/组件所需的独特采购需求。项目集采购管理计划是项目集管理计划的组成部分，描述了项目集如何从执行组织外获得产品和服务。

项目集经理应了解交付项目集预期收益所需的资源。采用一些技术，如自制/外购决策和项目集工作分解结构（WBS）图，能够辅助这一工作。项目集经理需要清楚了解可用的资金额度以及所有组件的需求。

早期和细致的规划对成功的项目集采购管理至关重要。通过规划活动，项目集经理总揽项目集的所有组件，并制订全面的计划来优化采购，以实现项目集目标并交付项目集收益。为此，项目集采购管理应将重点放在项目集范围内的各种采购活动的异同之处，并决定：

- 多个单独组件的一些共同需求是否可以通过一次集中采购来满足？

- 在规划跨项目集的采购合同时，不同合同类型的最佳组合是什么？[在项目层面，采用某种特定合同类型（如固定总价合同）可能是最佳采购解决方案，但是，在项目集层面，同样的采购采用不同的合同类型（如激励费用合同）可能更好。]

- 在项目集范围内，处理竞争的最佳方法是什么？（例如，某一领域独家供货合同的风险可以通过与其他领域的全面和公开竞争合同的不同风险相互平衡。）

- 在项目集范围内，平衡特定外部监管要求的最好方法是什么？（例如，与其在项目集的每个合同中预留一定比例以满足小企业扶持法案的监管要求，不如为满足同样的监管要求而授予一份完整的合同。）

这种分析可能包括：信息邀请书（RFI）、可行性研究、贸易研究、市场分析，以确定满足项目集特定需求的最适合的解决方案和服务。

鉴于存在优化项目集采购管理的内在需要，以及遵循所有法律与财务义务的要求，确保在组件层面负责采购的全体人员通力合作至关重要，尤其是在规划阶段。

本活动的输出包括项目集采购标准、项目集采购管理计划，以及项目集预算和财务计划的更新。

X1.18 规划项目集质量管理

在规划项目集质量管理的过程中，识别与整个项目集相关的组织质量标准或监管质量标准，并具体说明如何在跨项目集中满足这些标准。项目集质量管理计划是项目集管理计划的组成部分，描述了如何落实组织的质量政策。通常，在项目集内存在很多不同的质量保证要求，以及不同的测试和质量控制的方法及活动。项目集质量管理涉及执行组织确定项目集质量政策、目标与职责的相关活动。项目集质量管理旨在使这些不同的需求和控制方法保持一致，并可能增加一些额外的要求，以确保整体项目集的质量。对于项目集经理来说，一种良好实践是，将整个项目集的质量目标和原则记录在用于分发的质量政策文件中，并与所有项目集组件分享。

在整个项目集执行过程中，项目集管理要负责规划恰当的质量保证准则，这实际上可能已经超出各自组件项目的时间线。在项目集生命周期内，随着新法律与规范的变化，新的质量控制工具、活动和技术可能不得不被引入项目集，并在适当的时候加以应用。例如，当在项目集的生命周期中颁布新法律或引入新组件时。

当启动项目集时，应评估达到相应质量要求的成本，并将其纳入业务计划。在所有组件项目中，质量属于可变成本，应该在项目集质量计划中予以考虑。对项目集质量进行分析，以便在整个项目集中进行评估，目的是在可行的情况下将质量测试和检查相结合，以降低成本。如果不协调测试，在贯穿整个项目集的过程中，可能需要对项目集的产品和可交付物进行多次测试，这可能造成不必要的浪费。应该注意到，这项活动的输出是质量管理计划，它提供了项目集所包含的质量保证措施和质量控制，以及基于项目集范围的检验方法。

在定义所有项目集管理活动以及所有可交付物和服务时，都应考虑质量管理。例如，当在制订项目集资源管理计划时，建议项目集质量经理要参与规划活动，以核实质量活动和质量控制均得到有效实施，并向下传递至所有组件，包括由分包商执行的组件。

本活动的输出是项目集质量管理计划，它可能包括：

- 项目集质量政策。
- 项目集质量标准。
- 项目集质量成本估算。
- 质量度量衡、服务水平协议或合作备忘录。
- 质量核对表。
- 质量保证与控制规格。

X1.19　规划项目集资源管理

项目集层面的资源管理不同于组件层面的资源管理。项目集经理需要在不确定的边界内工作，并平衡他们所负责的组件需求。项目集资源管理确保组件经理可获得所有所需的资源（人员、设备、材料等），以交付项目集收益。

规划项目集资源管理涉及识别现有资源和额外资源的需求。对于人力资源，因为可以在组件完成时重新分配该资源，所以成功完成每个组件所需资源的总和可能少于完成项目集的资源总数。项目集经理从容量和能力两个方面分析每个资源的可获得性，并确定如何在各个组件之间分配这些资源，以防止对资源过度承诺或支持不足。以往的历史信息可被用来确定类似的项目和项目集所需的资源类型。

资源管理计划是项目集管理计划的组成部分，旨在预测项目集各组件的预期资源使用水平，并与项目集主进度表进行对比，以便项目集经理能够在使用稀缺或限制性资源时识别潜在的资源短缺或资源冲突。该计划还描述了项目集资源的优先级决策和解决资源冲突的指南。

如果在项目集中无法获得资源，项目集经理需要向更大的组织请求援助。如有必要，项目集经理应与组织合作制定工作说明书（SOW），通过合同（采购）的方式获得必要的资源。

本活动的输出包括项目集资源需求、项目集资源管理计划。

X1.20 规划项目集风险管理

在规划项目集风险管理的过程中，通过结合项目集的组件来识别如何处理和开展项目集风险管理活动。风险管理应遵循《项目组合、项目集和项目风险管理标准》[8]中概述的原则。风险管理计划是项目集管理计划的组成部分，它描述了如何组织和执行风险管理活动。

基于风险和项目集对组织的重要性，规划风险管理活动要确保风险管理的层级、类型以及可见性相互匹配。规划风险管理活动还要识别风险管理活动所需的资源与时间。此外，它还应为评估风险奠定一致认可的基础。

规划风险管理活动应在项目集定义阶段的早期实施。这对成功实施本节所描述的其他活动至关重要。每当项目集发生重大变更时，可能都需要重新规划项目集风险规划活动。本活动的关键成果是项目集风险登记册，它是记录风险、风险分析结果和风险应对规划的文件。项目集风险登记册是一个动态的文件，在项目集交付过程中，应随着风险和风险应对的变更而持续得到更新。

明确组织的风险概况，对于形成最适合的项目集风险管理方法、调整风险敏感性、监测风险危险程度至关重要。风险目标和风险阈值会影响项目集管理计划。风险概况可能在政策声明或相关行动中得以呈现。这些行动可能凸显了组织对高风险情境的偏好，或者组织不愿放弃良好机会的意愿。应将运用于项目集及其组件的市场因素作为环境因素。在形成风险管理方法的过程中，组织的文化和干系人也会起到一定作用。

组织可能已经预先定义了风险管理方法，如风险分类、风险分解结构、概念和术语的通用定义、风险陈述格式、标准模板、角色与职责，以及做出决策的权限等级。作为制订有效风险管理计划的组成部分，来自过去实施类似项目集的经验教训也是评审的关键资产。

本活动的输出包括项目集风险管理计划和项目集风险登记册。

X1.21 规划项目集进度管理

规划项目集进度管理活动旨在确定创造项目集收益所需组件的顺序和时机，估算完成每个组件所需的时间，识别在项目集执行过程中的重大里程碑，并记录各里程碑的成果。通常，由于组件进度计划是渐进明细的，在制订项目集进度计划时，需要与组件进度计划进行协同。项目集组件包括项目、子项目集和项目集范围内进行的其他工作。

规划项目集进度管理始于项目集范围管理计划和项目集工作分解结构（WBS），项目集工作分解结构定义了项目集组件将如何交付项目集的输出和收益。通常，在确定各组件的详细进度计划之前，创建初始的项目集主进度表。使用项目集管理计划和项目集章程来制定项目集的交付日期和主要里程碑。

项目集主进度表是最高阶的项目集规划文件，它定义了为实现项目集目标所需的各个组件进度计划，以及项目集组件之间的依赖关系（各个组件和项目集层面的活动）。项目集主进度表应该包括体现项目集输出或与其他组件存在相互依赖关系的组件里程碑。

项目集主进度表还应包括项目集特有的活动，包括但不限于：与争取干系人相关的活动（见第3.5节）、项目集层面的风险减轻活动和项目集层面的评审活动。项目集主进度表确定了各个组件的时间顺序，使项目集经理能够确定项目集何时交付收益，并识别项目集的外部依赖关系。通常，项目集主进度表的第一稿仅标识组件的顺序和开始/结束日期，以及组件之间的关键依赖关系。之后，随着组件进度计划的制定，会将更多中间阶段的组件结果加入项目集主进度表。

一旦确定了高阶的项目集主进度表，就能将各组件的每个日期也识别出来，并用其制订组件的进度计划。这些日期经常在组件层面成为约束条件。当组件具有多个其他组件所依赖的可交付物时，应将这些可交付物和相互依赖关系反映在整体的项目集主进度表中。当通过现有的一系列组件建立项目集时，项目集主进度表需要包含各个组件进度计划的里程碑和可交付物。

在《进度管理实践标准》（第 3 版）[16]中概述的进度模型原则同样适用于项目集主进度表。当着眼于通过关键路径上的可交付物来实现收益时（见第 3.4 节），应维持基于逻辑关系的项目集网络图，并监督组件关键路径之间的依赖关系，这对有效管理项目集的主进度表至关重要。

项目集进度管理计划是项目集管理计划的组成部分，它建立了用于制定、监督和控制进度的准则和活动。项目集进度管理计划应该包括如何在跨项目集的组件之间协调和控制进度基准变更的指导。项目集主进度表识别了商定的组件可交付物顺序，从而便于有效地规划各个组件和预期收益的交付。它为项目集团队/干系人提供了可视化的视图，展示了项目集在项目集生命周期中如何进行交付（见第 3.8 节）。项目集主进度表是一个动态文件，可为项目集经理提供一种机制，用于识别风险并升级可能影响项目集目标的组件问题。

应将在制定项目集主进度表时识别的项目集进度风险的输入纳入项目集风险登记册。这些风险可能源于进度表中的组件依赖关系，也可能源于由商定的项目集进度管理计划识别的外部因素。项目集进度管理计划可能确立了应用于所有项目集组件的进度标准。

应定期评估并更新项目集路线图，以确保项目集路线图与项目集主进度表保持一致。项目集主进度表的变更可能需要项目集管理计划的变更，这些变更应反映在项目集主进度表中。

本活动的输出包括项目集进度管理计划、项目集主进度表、项目集风险登记册的输入、项目集管理计划的更新。

X1.22 规划项目集范围管理

规划项目集范围管理包括规划和调整项目集范围与项目集目标及任务相关的所有活动。它将工作分解为旨在交付相关收益的可交付物的组件产品。项目集范围管理的目标是制定详细的项目集范围说明书，将项目集工作分解为可交付物的组件，并制订用于在整个项目集中管理范围的计划。

项目集范围可能以发起组织和目标公众的预期收益或成果的形式来描述，也可能根据项目集的类型以用户故事或场景的形式来描述。项目集范围包含通过项目集交付的所有收益，这些收益以项目集工作分解结构（WBS）的形式体现。

项目集工作分解结构（WBS）是以可交付物为导向的层级分解，涵盖整个项目集的范围，并包括由组成组件所产生的可交付物。项目集范围不包括项目集工作分解结构（WBS）以外的内容。项目集工作分解结构（WBS）包括但不限于以下项目集管理工作件：如计划、程序、标准、流程、项目集管理可交付物，以及项目集管理办公室支持的可交付物。项目集工作分解结构（WBS）提供了项目集的概览并显示了每个组件为项目集目标做出贡献的方式。项目集工作分解结构（WBS）的分解止于项目集经理要求的控制层级（通常分解到组件项目的第一层或第二层）。作为一种结构框架，项目集工作分解结构（WBS）用来制定项目集主进度表，并定义项目集经理的管理控制点。项目集工作分解结构（WBS）是制订符合实际的进度计划，编制成本估算和组织工作必不可少的工具。项目集工作分解结构（WBS）同时也为报告、跟踪及控制提供了框架。

应将项目集层面的可交付物与收益清晰地连接起来，并将重点放在那些与干系人争取、项目集层面的管理（而不是其组件项目内的管理）、组件监管与组件整合相关的活动上。项目集范围包括分解并分配到组件项目的工作范围。同时也应当注意，避免分解到与组件经理的职责相重叠的组件层面。

一旦明确范围，就可以在项目集定义阶段制订一份计划，用于管理、记录和沟通范围变更。项目集范围管理计划是项目集管理计划的组件，描述如何定义、制定、监测、控制和核实范围。

本活动的输出包括项目集范围说明书、项目集范围管理计划和项目集工作分解结构（WBS）。

X1.23 汇报项目集

汇报项目集是项目集沟通的关键环节，因为它同时支持项目集治理和干系人争取。汇报项目集是整合绩效和报告相关数据的活动，以便向干系人说明资源将被如何利用以交付项目集收益。汇报项目集汇总了所有跨项目、子项目集和其他项目集活动的信息，以提供整个项目集的清晰状态。

这些信息通过信息发布活动传递给干系人，为他们提供所需的状态和可交付物的信息。此外，还应将这些信息传递给项目集团队成员和项目集的组成组件，为他们提供项目集的总体和背景信息。沟通应实现双向互动。对于任何来自客户或干系人的项目集沟通信息，都应该通过项目集管理来收集和分析，并按照需求在项目集内发布。

该活动的输出包括项目集发起人或项目集协议所要求的报告（涉及报告的格式和汇报频率）、客户反馈请求、定期的报告和演示（涉及C级高管所需的仪表盘）。

X1.24 编制项目集成本预算

根据定义，由于项目集由多个组件组成，所以项目集预算应包括各个组件的成本，以及管理项目集本身所需资源的成本。预算一旦基准化，就成为测量项目集的主要财务目标。大多数项目集成本属于项目集内的各个组件，并非项目集管理本身。当涉及承包商时，预算的细节来自合同。在基准预算完成前，需要将项目集管理和项目集支持活动的费用纳入初始预算表。

预算的两个重要部分是：

- 项目集支付时间表。
- 组件支付时间表。

项目集支付时间表明确了从资金提供组织接收资金的进度表和里程碑。组件支付时间表则根据合同条款说明了向承包商进行支付的方式和时间。一旦确定基准，就应更新项目集管理计划。

该活动的输出可能包括对项目集预算基准、项目集支付时间表和组件支付时间表的更新。

X1.25 估算组件成本

由于项目集具有显著的不确定性因素，因此，在项目集定义阶段进行初始的量级估算时，可能无法完全知晓所有的项目集组件。此外，鉴于项目集通常具有较长的周期，可能需要更新初始估算，来体现项目集面临的当前环境和成本因素。尽可能在接近工作开始时进行估算是一种公认的良好实践。这样，如果估算出的成本比原始的规划更低，项目集经理可以向发起人提出关于原本应在项目集后期才能获得的附加产品的建议。相反，如果成本显著超支，则可能提出变更请求。在审批活动中，需要权衡附加产品的潜在收益与新增成本，以确定正确的行动。

对项目集内各个组件的成本进行估算。这些组件成本可被确定为基准，从而构成该特定组件的预算。当由承包商来执行这个组件时，应将该成本写入合同。

本活动的输出包括组件成本估算。

附录 X2

《项目集管理标准》(第 5 版)的变化

X2.1 关于本附录

为了充分了解《项目集管理标准》(第 5 版)的结构和内容所发生的变化,必须了解更新委员会的目标以及标准的演变。

在修订《项目集管理标准》(第 4 版)的过程中,我们深刻认识到项目集管理作为组织能力的重要性,这促使我们必须明确《项目集管理标准》与其他 PMI 核心标准(如《PMBOK®指南》[1]和《项目组合管理标准》[3])之间的区别。同时,这也是一个契机,通过阐述和确定项目集管理领域的关键原则,来推动《项目集管理标准》从"过程导向"向"原则导向"的转变。第 5 版开发团队继承了早期版本的理念,着重对组成标准的原则和概念进行微调,并确保与其他基础标准和相应实践指南的更新保持同步和一致。

考虑到这一点,我们对内容进行了进一步的编排,以便读者可以更流畅地阅读和使用本标准。另外,我们还对标准的一些内容进行了特定更新,以体现当前项目集管理的最新发展趋势。

X2.2　目标

具体来说，更新委员会的目标包括：

◆ 将标准从过程导向转变为原则导向。

◆ 设法解决并将适应型方法纳入产品。

◆ 在项目集管理框架中引入更多的灵活性，以便可以针对更广泛的业务需要和环境进行实施和裁剪。

X2.3　方法

为准备当前的更新，更新委员会制定了修订方法，其中包含一些重要的策略和原则、格式和布局（第 X2.3.1 节），以及项目集管理内容（第 X2.3.2 节）。

X2.3.1　格式和布局

当读者首次接触《项目集管理标准》（第 5 版）时，会立即注意到本标准的格式和布局发生了根本变化。在设计第 5 版框架的过程中，我们考虑了多项关键因素，这些因素对于熟悉早期版本的读者来说是有用的背景信息，并有助于理解从第 4 版至第 5 版的转变。为了更好地阐述当前的框架，我们提供了《项目集管理标准》从第 1 版到第 5 版的发展摘要：

◆ **第 1 版**。《项目集管理标准》（第 1 版）抓住了当时流行的对项目集管理工作的理解与看法，提出了三大关键主题。这些主题包括干系人管理、项目集治理和收益管理。伴随这些主题，第 1 版提出了项目集管理生命周期的定义。生命周期的概念被整合至前几章，并在后续章节中进一步展开论述。第 1 版明确提出了"绩效域导向"的方法，涉及对标准的理解、项目集管理工作的定义和项目集经理职责的界定。

◆ **第 2 版**。《项目集管理标准》(第 2 版)虽然保留了第 1 版中关于项目集管理三大主题的一些讨论,但更新的重点在于扩展项目集管理生命周期的范围。这种方法将项目集管理生命周期置于贯穿整个标准的主线的位置。此外,第 2 版所采用的标准结构全面反映了 PMI 项目管理标准——《PMBOK®指南》[1]的布局和格式。在这个结构中,项目集标准描述了特定的项目集管理过程组和知识领域。凭借这一框架,第 2 版清晰展示了基于生命周期的"过程导向"的项目集管理工作和项目集经理的角色。

◆ **第 3 版**。在前两个版本的基础上,《项目集管理标准》(第 3 版)的重点是实用性和可读性。通过仔细分析早期版本中最有效的元素,最终决定改变第 2 版的结构(与《PMBOK®指南》[1]的过程组、知识领域、输入/工具和技术/输出相对应的结构),转而采用第 1 版的"绩效域导向"的方法。

在第 3 版中,我们做出了以下关键的修改:

- 回归第 1 版的"绩效域导向"的方法。
- 将重点放在 RDS 中提出的项目集管理绩效域。
- 从《项目集管理标准》前两个版本的学习成果和提升中获得的益处。
- 与美国以外的其他项目集管理标准和著作保持一致并对其认可。

- **第 4 版**。经确定，不用对《项目集管理标准》（第 4 版）进行重大变更。第 4 版修订的重点是，处理第 3 版出版后的遗留意见，以及主题专家（SME）通过内部评审和征求意见稿收集的意见。第 4 版的主要变化包括：

    - 提供项目集和项目集管理的最新定义。
    - 扩展各个章节，以深入探讨关键项目集角色、项目集复杂性和相互依赖性、项目集风险策略、项目集干系人图和项目集干系人沟通等重要主题。
    - 与最新的 PMI 出版物保持一致，以确保所描述的项目集治理角色的一致性。
    - 引入生命周期阶段，并清晰定义了描述每个阶段的术语。
    - 对标准的各部分进行协调和统一，并删除重复或冗余的工作件。

- **第 5 版**。《项目集管理标准》（第 5 版）在早期版本已有概念的基础上引入了新内容，并对其进行了完善和扩展。第 5 版重新编排了内容，以便读者可以更流畅地阅读和使用本标准，并进行了特定更新，以体现项目集管理领域的最新发展趋势。第 5 版可与 PMI 标准+®平台配合使用。表 X2-1 总结了这些变化。

表 X2-1　第 5 版的高阶变化

应用的更新	描述
更新了第 4 版第 1 章，以包括所有的介绍性内容	吸收了第 2 章中适用于项目集管理学科的关键介绍性内容（并非仅适用于项目集管理领域）。 扩展了引论的内容，包括了新确定的原则的具体细节。 删除了项目集管理与项目管理和/或项目组合管理的比较，并将其纳入 PMI 标准+®
重新组织章节并对其重新编号，以简化标准的呈现形式	对标准的格式进行了更新，内容分为四章，涵盖以下内容： • 第 1 章：引论 介绍了项目集管理学科的所有方面和适用于所有类型项目集的概念，包括关于项目集角色和描述的通用信息 • 第 2 章：项目集管理原则 新增了内容，确定和阐述了关键的项目集管理原则，供项目集管理从业者考虑。 • 第 3 章：项目集管理绩效域 本章汇集了在标准中与项目集管理绩效域相关的所有信息。这些信息被整合至一章中，以便于查阅并区分原则、绩效域和活动。 • 第 4 章：项目集活动 本章包含了关于核心和支持性项目集活动的所有信息
第 5 版第 2 章介绍了有关项目集管理原则的内容	新增的一章，以支持标准从过程导向到原则导向的转换。详细阐述并确定了项目集管理的关键原则。项目集管理原则： • 干系人　　　　　• 变更 • 收益实现　　　　• 领导力 • 协同　　　　　　• 风险 • 团队的团队　　　• 治理
将第 4 版的第 2 章、第 3 章、第 4 章、第 5 章、第 6 章和第 7 章全部细化并合并为第 3 章	绩效域的所有内容都放到一章中，并进一步简化，以移除可能不适用于所有项目集或开发方法的需求
添加新内容	在整个标准中引入并整合新的合作绩效域。 在引论中包含新绩效域与其他绩效域的关系
修订了第 4 版第 7 章，将其内容纳入第 5 版第 3 章和第 4 章	重新安排生命周期管理绩效域，以专注于项目集的生命周期阶段。 将整合管理的内容归为核心项目集活动，并移至第 5 版第 4 章
修订了第 4 版第 8 章，将其内容纳入第 5 版第 4 章和附录 X1	重新编排项目集活动这一章，将整合管理作为支持性项目集活动。 将支持性活动示例或在不同类型的项目集中可能变化的特定方法移至附录，以便于读者获取有关项目集活动的工具和技术的进一步信息
创建新的附录 X1	新创建的附录包含第 4 版第 7 章和第 8 章中的部分内容，并提供项目集活动中使用的工具或技术的示例
更新项目集管理绩效域的命名规范	对用于描述项目集管理原则和绩效域的语言和标签进行了更新。 项目集管理绩效域： • 战略一致　　　　• 治理框架 • 收益管理　　　　• 合作 • 干系人参与　　　• 生命周期管理

X2.3.2 项目集管理内容

《项目集管理标准》（第5版）提出了项目集管理所特有的概念和实践，没有模仿、复制或展示在大量项目管理文献中容易引用的概念或过程。对于项目集管理过程中那些与项目管理领域的过程相似的内容，建议读者查阅项目管理领域的相关文档和材料。

X2.3.3 建立在以前版本之上

在早期版本的《项目集管理标准》中，呈现了许多有价值的信息和概念。尽管存在很多改进空间，但更新委员会认为应将这些重要的内容和关键概念完整纳入第5版。该团队致力于简化内容，并以清晰和简洁的方式为读者呈现信息，同时确保与各种 PMI 标准保持一致。通过评审和处理数百份要求修改的书面反馈，更新委员会确保了将以前版本中有价值的内容融入本次更新。

X2.4 章节概述

根据更新团队的目标和 PMI 批准的方法，标准的格式和布局演变为由项目集管理原则、项目集管理绩效域和项目集活动（支持性内容）构成的章节。这些章节被独立划分，并以统一的标准形式呈现。通过更新委员会的讨论，并参考其他项目集管理全球标准以及项目集管理的相关重要文献，验证了这种方法。以下表格和描述总结了由此产生的输出和框架。第5版框架的高阶视图说明了项目集以"原则为导向"的绩效模式，包括对引入的每个原则的讨论，以及与绩效域的相关性。通过以这种方式处理标准，每章都为本书的内容贡献了完整的想法。然而，每章也都是整体的组成部分，从第1章到术语表，它们将本标准的各部分内容紧密串联起来。在高阶层面上，第5版的框架如表 X2-2 所示。

第 X2.4.1 节至第 X2.4.10 节描述了第 5 版的各个章节，并详细介绍了读者在与早期版本比较时将发现的变化。

表 X2-2　第 5 版框架的概述

项目集管理标准（第 5 版）	
高阶框架	
第 1 章	引论
第 2 章	项目集管理原则
第 3 章	项目集管理绩效域
第 4 章	项目集活动
附录	附录 X1：项目集的活动、工具和技术 附录 X2：《项目集管理标准》（第 5 版）的变化 附录 X3：《项目集管理标准》（第 5 版）的贡献者和审阅者
参考文献	
术语表	

X2.4.1　第 1 章 引论

对第 4 版第 1 章进行了多处修订，以提高标准的一致性，并确保在本书的开篇阶段引入第 2 章至第 4 章中涵盖的关键概念。

在第 1.1 节中，扩展了原则的意义，以与本书所述的原则相一致，并为实际应用提供指导。

在第 1.2 节中，介绍了在项目组合内或不存在项目组合的情况下，启动项目集的可能性。本节还介绍了将项目、项目集和项目组合作为价值交付组件的结构化场景，并更新了示例的插图。

将第 4 版第 1.4 节的内容（详细说明了项目管理与项目集管理之间的差异和互动）删除，并将其包含在 PMI 标准+®中。将第 1.5 节至第 1.9 节的节号更新为第 1.4 节至第 1.8 节。

在第 1.5 节中，将业务价值的引用更新为组织价值。将第 4 版第 2.4 节和第 2.5 节的内容移入第 1 章，以将项目集管理的介绍性内容归入一章。对第 4 版第 1.10.3 节有关"复杂性"的内容进行简化，并在第 5 版中以表格形式呈现。

与以前的版本一样，努力使第 1 章的内容与其他 PMI 的基础标准保持一致。表 X2-3 展示了第 5 版第 1 章的内容。

表 X2-3　第 1 章（第 5 版）

第 1 章	引论
1.1	项目集管理标准的目的
1.2	什么是项目集
1.2.1	项目集的启动
1.2.2	项目组合、项目集、运营和项目之间的关系
1.3	什么是项目集管理
1.4	组织战略、项目集管理、项目组合管理和运营管理之间的关系
1.5	组织业务价值
1.6	项目集经理的角色
1.6.1	项目集经理胜任力
1.7	项目集发起人的角色
1.8	项目集管理办公室的角色
1.9	项目集与项目的区别
1.9.1	不确定性
1.9.2	管理变更
1.9.3	复杂性
1.10	项目组合与项目集的区别

X2.4.2　第 2 章　项目集管理原则

第 2 章介绍了有关项目集管理原则的最新内容，并将其作为项目集经理的基本指导方针。表 X2-4 展示了第 5 版第 2 章的内容。

表 X2-4　第 2 章（第 5 版）

第 2 章	项目集管理原则
2.1	干系人
2.2	收益实现
2.3	协同
2.4	团队的团队
2.5	变更
2.6	领导力
2.7	风险
2.8	治理

X2.4.3　第 3 章　项目集管理绩效域

可以将第 5 版第 3 章看作早期版本的第 2 章。在第 5 版中，第 3 章只讨论项目集管理绩效域及其特性。第 4 版第 2.4 节和第 2.5 节分别作为第 5 版第 1.10 节和第 1.9 节移至第 1 章。删除第 4 版第 2.3 节，并将其调整为更动态的格式，如 PMI 标准+®。

将所有项目集管理绩效域及其相关内容整合为一章并进行扩展，形成现在的第5版第3章，以支持标准的逻辑流和精简结构。

在第 3.7 节引入了被称为"合作"的全新项目集管理绩效域。合作绩效域被视为所有其他绩效域的"底层"并与其他绩效域交互，是项目集管理不可或缺的一部分。

在本书的图 3-1 中，展示了项目集管理绩效域之间的交互，并进行了相应更新，以纳入合作绩效域。表 X2-5 展示了第 5 版第 3 章的内容。

表 X2-5　第 3 章（第 5 版）

第 3 章	项目集管理绩效域
3.1	项目集管理绩效域的定义
3.2	项目集管理绩效域的交互
3.3	战略一致
3.4	收益管理
3.5	干系人参与
3.6	治理框架
3.7	合作
3.8	生命周期管理

X2.4.4　第 3.3 节 战略一致

将以前的项目集战略一致绩效域的内容，即第 4 版第 3 章，移至第 5 版第 3.3 节，更新其名称为战略一致。第 5 版对内容进行了评审，删除了不适用于所有类型的项目集的具体示例。删除了环境分析的类型和示例的具体细节，保留了高阶的说明性列表：比较优势分析、可行性研究、SWOT（优势、劣势、机会和威胁）分析、假设分析和历史信息分析。

本节概述了项目集风险管理策略的高阶细节，以确保项目集与组织战略保持一致。

其他变动都很小，包括更新插图，添加描述（与其他项目集管理原则和绩效域的交互）。表 X2-6 展示了第 5 版第 3.3 节的内容。

表 X2-6　第 3.3 节（第 5 版）

第 3.3 节	战略一致
3.3.1	项目集业务论证
3.3.2	项目集章程
3.3.3	项目集管理计划
3.3.4	环境评估
3.3.4.1	企业环境因素
3.3.4.2	环境分析
3.3.5	项目集风险管理策略
3.3.5.1	战略一致的风险管理
3.3.5.2	项目集风险阈值
3.3.5.3	初始项目集风险评估
3.3.5.4	项目集风险应对策略
3.3.6	与项目集管理原则和其他项目集管理绩效域的交互

X2.4.5　第 3.4 节 收益管理

将第 4 版第 4 章调整为第 5 版第 3.4 节。在本书的所有章节中，将绩效域的标题更新为收益管理。并对术语进行了更新，以与标准的其他部分保持一致。

其他变动都很小，包括添加总结和描述（与其他项目集管理原则和绩效域的交互）。表 X2-7 展示了第 5 版第 3.4 节的内容。

表 X2-7　第 3.4 节（第 5 版）

第 3.4 节	收益管理
3.4.1	收益识别
3.4.1.1	收益登记册
3.4.2	收益分析和规划
3.4.2.1	收益管理计划
3.4.2.2	收益管理和项目集路线图
3.4.2.3	收益登记册更新
3.4.3	收益交付
3.4.3.1	收益和项目集组件
3.4.3.2	收益和治理框架
3.4.4	收益过渡
3.4.5	收益维持
3.4.6	与项目集管理原则和其他项目集管理绩效域的交互

X2.4.6　第 3.5 节　干系人参与

项目集干系人参与（项目集管理的三个主题之一）最早出现在第 1 版，与收益实现和治理并列。干系人参与在第 4 版第 5 章中有所涉及。在第 5 版中，该内容出现在第 3.5 节，并得到了更新，以符合干系人参与绩效域的命名。本节的变动很小，侧重于突出干系人登记册的案例，添加总结，并更新表格和插图。表 X2-8 展示了第 5 版第 3.5 节的内容。

表 X2-8　第 3.5 节（第 5 版）

第 3.5 节	干系人参与
3.5.1	项目集干系人识别
3.5.2	项目集干系人分析
3.5.3	项目集干系人争取的规划
3.5.4	项目集干系人争取
3.5.5	项目集干系人沟通
3.5.6	与项目集管理原则和其他项目集管理绩效域的交互

X2.4.7　第 3.6 节　治理框架

项目集治理最早出现在第 1 版中，也出现在第 4 版第 6 章中。在第 5 版中，该内容被移至第 3.6 节，并得到了更新，以纳入"治理"这一项目集管理原则。在第 5 版中，将绩效域的命名更新为"治理框架"，以便与"治理"这一项目集管理原则清晰区分。根据本节内容对本书所使用的术语进行更新，以明确治理框架绩效域。对本书的其他部分进行评审，以确保绩效域命名的一致性。

在适当之处，第 5 版继续借鉴《项目组合、项目集和项目治理：实践指南》[8]，并与其保持一致，包括其定义的角色和职责，以及项目集与治理之间的关系。重新编排和精简内容，以确保与本书的其他部分保持一致。表 X2-9 展示了第 5 版第 3.6 节的内容。

表 X2-9　第 3.6 节（第 5 版）

第 3.6 节	治理框架
3.6.1	治理框架实践
3.6.1.1	项目集治理计划
3.6.1.2	治理框架与组织的愿景和目标
3.6.1.3	项目集的批准、认可和定义
3.6.1.4	项目集监测、报告和控制
3.6.1.5	项目集风险和问题治理
3.6.1.6	项目集质量治理
3.6.1.7	项目集变更治理
3.6.1.8	治理框架评审
3.6.1.9	项目集组件的启动和过渡
3.6.1.10	项目集收尾
3.6.2	治理框架角色
3.6.2.1	项目集发起人
3.6.2.2	项目集指导委员会
3.6.2.3	项目集管理办公室
3.6.2.4	项目集经理
3.6.2.5	项目经理
3.6.2.6	其他干系人
3.6.3	治理框架的设计和实施
3.6.4	与项目集管理原则和其他项目集管理绩效域的交互

X2.4.8 第 3.7 节 合作

合作是最新引入第 5 版的第 6 个项目集管理绩效域。该绩效域对项目集经理的重要性不断提升，并与所有其他绩效域（对项目集交付价值和收益至关重要）相交互。合作旨在处理在多个项目集组件之间产生协同效应的活动和功能。

有关合作的具体内容，见本书第 3.7 节。表 X2-10 展示了第 5 版第 3.7 节的内容。

表 X2-10　第 3.7 节（第 5 版）

第 3.7 节	合作
3.7.1	影响项目集成功的合作因素
3.7.1.1	争取
3.7.1.2	一致性
3.7.1.3	复杂性
3.7.1.4	透明度
3.7.1.5	协商
3.7.1.6	文化
3.7.1.7	同理心
3.7.2	收益与规划价值交付之间的合作
3.7.3	项目集组件与活动之间的合作
3.7.4	与项目集管理原则和其他项目集管理绩效域的交互

X2.4.9 第 3.8 节 生命周期管理

在第 4 版第 7 章介绍了项目集生命周期管理。在第 5 版中,将第 4 版第 7 章的大部分内容移至第 3.8 节。第 3.8 节的内容聚焦生命周期管理绩效域,将与项目集管理活动相关的内容,特别是作为项目集核心活动的"项目集整合管理"的内容,移至第 4 章。

对本节的内容进行了精简,删除了一些其他章节已经描述的规定性示例和多余文本。更新了项目集生命周期阶段的说明,以便于理解和概念演示。表 X2-11 展示了第 5 版第 3.8 节的内容。

表 X2-11 第 3.8 节(第 5 版)

第 3.8 节	生命周期管理
3.8.1	项目集定义阶段
3.8.1.1	项目集构建
3.8.1.2	项目集规划
3.8.2	项目集交付阶段
3.8.2.1	组件授权与规划
3.8.2.2	组件监管与整合
3.8.2.3	组件过渡与收尾
3.8.3	项目集收尾阶段
3.8.4	与项目集管理原则和其他项目集管理绩效域的交互

X2.4.10　第 4 章 项目集活动

第 4 版通过将内容重构为项目集生命周期阶段，并描述支持每个阶段的活动，使第 8 章与第 7 章保持一致。在第 5 版中，这一内容与第 4 章中的整合管理活动集成在一起。在更新后，本章包含了项目集的核心活动和支持性活动，这些活动涵盖了基于项目集管理原则和绩效域的所有内容。

已删除在项目集生命周期各阶段的项目集活动中所应用的工具和技术示例，并将其移至附录，以供读者参考。这一更新旨在确保所有类型的项目集管理方法和实施途径都能应用本书所述的标准。表 X2-12 展示了第 5 版第 4 章的内容。

表 X2-12　第 4 章（第 5 版）

第 4 章	项目集活动
4.1	项目集整合管理
4.1.1	项目集整合管理活动
4.1.2	项目集生命周期与项目集活动的映射关系
4.2	项目集定义阶段的活动
4.2.1	项目集构建活动
4.2.2	项目集规划活动
4.3	项目集交付阶段的活动
4.3.1	管理项目集交付
4.3.2	管理项目集绩效
4.3.3	维持收益和过渡项目集
4.3.4	管理项目集变更
4.3.5	管理项目集沟通
4.3.6	管理项目集财务
4.3.7	管理项目集信息
4.3.7.1	经验教训
4.3.8	管理项目集采购
4.3.9	保证和控制项目集质量
4.3.10	管理项目集资源
4.3.11	管理项目集风险
4.3.12	管理项目集进度
4.3.13	管理项目集范围
4.4	项目集收尾阶段的活动
4.4.1	收尾项目集
4.4.2	收尾项目集财务
4.4.3	存档和过渡项目集信息
4.4.4	收尾项目集采购
4.4.5	过渡项目集资源
4.4.6	过渡项目集风险管理

X2.4.11　附录 X1

附录 X1 是第 5 版新引入的，用作项目集活动中使用的以及在项目集生命周期的各个阶段应用的工具和技术的示例库。在第 4 版中，这些内容是第 7 章或第 8 章的一部分，并在整合管理活动或项目集生命周期的各种支持性活动中进行了描述。在第 5 版中，这些内容已从正文中删除，并保存在附录中，以供读者参考。这一更新旨在将标准的设计和布局与项目集管理原则、项目集管理绩效域和项目集活动相配合。这种简化的方法还确保了，将不适用于所有项目集管理类型、方法和途径的示例与标准区分开来。表 X2-13 展示了第 5 版附录 X1 的内容。

表 X2-13　附录 X1（第 5 版）

附录 X1	项目集的活动、工具和技术
X1.1	制定项目集基础设施
X1.2	评估项目变更
X1.3	评估项目集沟通
X1.4	估算项目集初始成本
X1.5	评估项目集信息管理
X1.6	评估项目集采购
X1.7	评估项目集质量
X1.8	估算项目集资源需求
X1.9	评估项目集初始风险
X1.10	评估项目集进度
X1.11	评估项目集范围
X1.12	规划项目集变更管理
X1.13	规划项目集沟通管理
X1.14	估算项目集成本
X1.15	建立项目集财务框架
X1.16	规划项目集财务管理
X1.17	规划项目集采购管理
X1.18	规划项目集质量管理
X1.19	规划项目集资源管理
X1.20	规划项目集风险管理
X1.21	规划项目集进度管理
X1.22	规划项目集范围管理
X1.23	汇报项目集
X1.24	编制项目集成本预算
X1.25	估算组件成本

附录 X3

《项目集管理标准》（第 5 版）的贡献者和审阅者

项目管理协会（PMI）感谢所有贡献者的支持，并感谢他们对项目管理专业的杰出贡献。

X3.1 贡献者

以下贡献者为本标准的制定贡献了大量心血。用粗体列出的贡献者为第 5 版开发小组的成员，用斜体列出的贡献者为第 5 版评审小组的成员。列出贡献者的姓名并不代表贡献者批准或认可本书的所有内容。

Nick Clemens, PMI-ACP, PMP, Development Co-Lead
Joanna Newman, Development Co-Lead
Shyamprakash K. Agrawal, PMP, PgMP
Emad E. Aziz, PMP, PgMP, PfMP
John D. Driessnack, CSM, PMP, PfMP
Asad Ullah Chaudhry
Zhenghong Chen, MBA, MSP, PgMP
Ahmed Kamel Ghanem, PMI-ACP, DASSM, PMP
Hiroshi (Henry) Kondo, PMP, PgMP, PfMP
Muhammad U. Siddiqi, PMP, PgMP, PfMP
Essowe Abalo
Habeeb Abdulla, MS, CSM, PMP
Hamidur Rahman Adnan, PMP, PgMP, PfMP
Satishkumar Agrawal, SPC, PMP, PgMP
Phill Akinwale, OPM3, PMI-ACP, PMP Emi Akiode, PMP
Ramy Saeed Alghamdi

Stephen Ali
Hammam (Marshal) Alkouz
Muhannad Ali Almarzooq
Gehad Ali Almassabi, PMI-ACP, PMP, PgMP
Délio Almeida, PMI-RMP, PMP
Sara Alnasser
Fatima Awwad Alrowaili
Riyad AlMallak
Hanan AlMaziad, MSC, PMP, PgMP, PfMP
Amir K Al-Nizami, PhD, MPM, PMP
Tamim A. Alsunidi, PMP
Wael (Lilo) Altali, MPA, CBAP, PMP
Abdulrahman Alulaiyan, MBA, PfMP
Nahlah Alyamani, PMI-ACP, PMP, PgMP
Ashwani Anant, PMI-ACP, PMI-RMP, PMP
Sathya Andivel, CMA, PMP, PgMP

Kenichiro Aratake, PMP

Serajul Arfeen, PMI-ACP, PMP, PgMP

Humberto Arias

Alfredo Armijos, PMO-CP, PMI-RMP, PMP

Khalid Ibraheem Asiri, PMI-RMP, PMP

Mohammed Azmy Ateia

Sivaram Athmakuri, PMI-ACP, PMI-PBA, PMP

Vahid Azadmanesh, DBA, PMP, PfMP

Akbar Azwir, PMI-CC, Prosci CCP, PMP

Claudia M. Baca

Pierre Beaudry, Jr., C.ADM, MGP, PMP

Nasrin Beikzand

T. A. Best, PMP

Nico Beylemans

Mohammed Saleh Bin Askar, PMP, PgMP, PfMP

Nigel Blampied, PhD, PE, PMP

Greta Blash, PMI-RMP, PMP, PgMP

Kiron Bondale, PMI-ACP, PMI-RMP, PMP

Bedanga Bordoloi

Felipe Moraes Borges, PMO-CP

Miguel A. Botana Cobas, MBA, PMP

Adrian Bottomley, PMP, PgMP, PfMP

Damiano Bragantini, PMP

Ellie Braham, RIMS-CRMP, ATP, PMP

Larkland Brown

Sathish Kumar C

Leandro Maximiliano Cabani

Feren Calderwood, GSLC, PMP

Heberth Campos, PMI-ACP, PMI-RMP, PMP

James F. Carilli, PhD, PMP, PgMP

Iqbal Cassim

José Cascante Cespedes

S. Chandramouli, PhD, PfMP

V. Paul C. Charlesraj, MS, MRICS, PMP

Porfirio Chen Chang

Alexandra Chapman

Panos Chatzipanos, PhD, WRE, Dr Eur Ing

Nguyen Si Trieu Chau, PMP, PgMP, PfMP

Antonio Checa

David A. Chigne, PMI-ACP, PMI-RMP, PMP

John Peter D

Gina Davidovic, PMP, PgMP

Deanna E. Davies, MBA, PMP

Jinky T. Dela Torre, MBA, PMP

Luke Desmond

Saju Devassy

Gaurav Dhooper, PAL-I, CSAPM, PMI-ACP

Cynthia Dionisio

Danil Dintsis, PMP, PgMP, PfMP

Louisa Dixon

Michael Doherty

Esha Doshi, PMP

Michael Doyle

Darya Duma

Troy Edelen, CCMP, DASM, PMP

Sylvie Edwards

Hussameldeen Elhaw

Wael K. Elmetwaly

Nabeel Eltyeb, MoP, P3O, PMP

Jose Daniel Esterkin

Srinivas Reddy Eticala

Ahmed Ali Eziza, Eng, IPMO-E, PMP

Puian Masudi Far, PhD, PMP

Jane M. Farley, CMC, CMInstD, PMP

Jean-Luc Favrot, PMI-ACP, DASSM, PMP

Amr Fayez, SFC, SSYB, PMP

Piotr Felcenloben

Rieski Ferdian, PMP

Leana Fischer, PgMP

Mitchell R. Fong, P.Eng, DAC, PMP

Ali Forouzesh, PhDc, OPM3, PfMP

Luis Eduardo França

Iain Fraser, PMP, PMI Fellow

Carlos Augusto Freitas, DAC, DASSM, PMP

Yuhang Fu

Marius Gaitan, Eng, PMI-PBA, PMP

Diego Galárraga

Abhijit Ganguly, PMI-ACP, PMP, PgMP

Edwardo Garcia, PhD

Jason Gardel

Ashutosh Garg, PMP, PgMP, PfMP

Stanisław Gasik, PhD, PMP

Subhajit Ghosh, PMI-ACP, PMP, PgMP

Nguyen Tuan Le Giang, PMP, PgMP, PfMP

Theofanis Giotis, MSc, PhDc, PMP

Herbert G. Gonder, PMI-ACP, PMP

Dr Sumit Goyal

Scott M. Graffius

Filip Gudelj

Anil Guvenatam, PMI-ACP, PMP

Danny Ha, CISSP, FCRP, ISO Member

Mustafa Hafizoglu, PhDc, PMP

Nagy Hamamo, MB, PMP

Shahul Hameed

Maged Farouk Hanna, PhD, PMP, PfMP

Mohammed Majharul Haque, DAVSC, PgMP, PfMP

Keiko Hara, PMP

Jeff A. Harris, PMP

Lt Col L Shri Harshna, DASSM, PMP, PgMP

Gabrielle Bonin Haskins, PMP

Hironori Hayashi

Pierre Hnoud

Ivan Ho, MBA, PMI-ACP, PMP

Stephen Hollander, MBA, PMP, PgMP

Regina Holzinger, PMP

James E. Houston, IV, PE, CCM, PMP

Tarik Al Hraki, MIB, PMI-RMP, PMP

Zayar Htun, PMP

Shuichi Ikeda, CBAP, PMP

Muhammad A. B. Ilyas, PMP, PgMP

Hiroki Itakura, CSM, PMI-ACP, PMP

Mohit Jain

Md Javeed, PMP

Jean-Michel De Jaeger, EMBA, PMP

Kris Jennes, MSc, PMP

Xiang Jin

Arthur Jones-Dove

Joseph Jordan, PMP

Leo Jurgens, MPM, PMI-PBA, PMP

Ganesh K

Rami Kaibni, CBAP, PgMP, PfMP

Miki Kaneko, PMP

Gernot Kapteina, MBA, PMP, PgMP

Stylianos Kazakeos

Claude El Nakhl Khalil, PharmD, MBA, PMP

Danny Klima

Jerome Knysh

Dimitrios Kopsidas

Maciej Koszykowski, PMI-RMP, PMP, PgMP

Olena Kovalova

Wendy Kraly, MBA, PMP

Jiri Kratky

Laszlo J. Kremmer, MBA, CLC, PMP

Rajashekar Krishnaraj, PMI-RMP, PMP, PgMP

Harisha Ranganath Lakkavalli, PMP, PgMP, PfMP

Chia-Kuang Lee, CQRM, P.Tech, PMP

Wooyeon Lee, PhD, PE, PMP

Adeel Khan Leghari, PMP, PgMP

Raman Lemtsiuhou, KMP, PSM2, PMP

Uladzimir Liashchynski

Kan Lin

Tong (James) Liu, PhD, ASEP, PMP

Roberto Lofaro

Enid T. Vargas Maldonado, PhD, PMI-ACP, PMP

Rich Maltzman, PMP

Arun Mandalika

M V Rasa Manikkam, PMP

Ricardo Sastre Martín

Giampaolo Marucci, Dott., PMI-ACP, PMP

Faraz Masood, PMP

Marco Mayer

Robert McMartin

Ray Mead, MBA, PMP

Kentaro Midorikawa, PMP

Akiyoshi Miki, PMP

Kenyi Mitsuta, PMI-RMP, PMP

Walla Siddig Elhadey Mohamed, PMI-RMP, PMP, PgMP

Abdalla Yassin Abdalla Mohammed

Mansoor Mohammed

Alexandre Morissette, BSc, L6σ GB/Lean Enterprise Certified, PMP

Amr Fayez Moustafa

C Muchuchuti

Nitin Mukesh, CSM, PMP

Mohammed Muneeb, PMP, PgMP, PfMP

Muktesh Murthy

Syed Ahsan Mustaqeem, PE, PMP

Ahmed Nabil, Eng, PhD, PMP

Brijesh Nair, CEng, PMP, PgMP

Asaya Nakasone, PMP

Hiromi Nakatani

Anil Kumar Narayanan, PMP, PgMP

Faiq Nasibov, PMP

Laura Lazzerini Neuwirth, AHPP, AgilePgM, PMP

Gundo Nevhutalu, MSc, PMP

Nnogge Lovis Nkede, PMP, PgMP, PfMP

Jose Ignacio Noguera

Ranjit Oberai, PMP, PgMP, PfMP

Habeeb Omar, MBA, DASSM, PfMP

Arivazhagan Ondiappan, PMI-RMP, PMI-SP, PMP

Yuriy Oryeshkin

Carlos Singh Ospina, PMP, PgMP, PfMP

Chriss Oussama, PMP

Yoshihisa Ozaki, PMP, PgMP, PfMP

Jorge Palomino Garcia, Eng, MBA

Claude Palmarini, AHPP, SAFe Agilist, PMP

Sameer Kumar Panda, SAFe5 Agilist, PMP, PgMP

Luke Panezich, DASSM, DAVSC, PMP

François Paquin, MPM, MBA

Seenivasan Pavanasam

Mary M. Piecewicz, MBA, MSPC, PMP

Nicholas Pisano

B K Subramanya Prasad, CSM, PMP

Adi Prasetyo, PRINCE2, IPMA Level-A, PMP

Arief Prasetyo, PMI-RMP, PMP

Zulfiqar Ali Qaimkhani, PMP, PgMP, PfMP

Sami Hakam Qasim

S. Ramani, P3M3 Assessor, PgMP, PfMP

Muhammad Mohsin Rashid, PMI-ACP, PMI-RMP, PMP

Sagar Ashok Raut, PMI-RMP, PMP, PgMP

P. Ravikumar, PMP, PgMP, PfMP

Krupakara Reddy, PRINCE2, CMMI Associate, PMP

Nabeel Ur Rehman, DAVSC, PMP, PgMP

Tashfeen Riaz, DAVSC, PMP, PgMP

Dan Stelian Roman, CSSBB, PMP-ACP, PMP

Sachlani, P3OF, PSM I, PMP

Laura Sailar, PMI-ACP, PMP

Narendra Saini

Ryosuke Sako, PMP

Omar Samaniego, PMI-RMP, PMP

Abdul Raheem Samee, PMI-PBA, PMP, PgMP

Parthasarathy Sampath, CISA, PMI-RMP, PMP

Anuja Sasidharan

Toshitaka Sato, PMI-ACP, PMP, PgMP

Nina Scarnici

Gregor Schedlbauer

Mónika Toro Serrano, MSc, P.Eng, PMP

P. Seshan, PMI-ACP, PMI-RMP, PMP

Tahir Shah

Rabbani Basha Shaik, PMP, PgMP, PfMP

Nitin Shende, SPC 6, PMI-PBA, PMP

Toshiki Shimoike, PhD, PMP

Andrew Schuster, DBA, MBA, PMP

Gary Sikma, PMI-ACP, PMP

Abel Herrera Sillas, DM, PMP

Carlos Singh, PMP, PgMP, PfMP

Dharam Singh, PMP, PgMP, PfMP

Sumit Kumar Sinha

Aung Kyaw Sint, PMI-ACP, PMP, PgMP

Allen Smolinski

Josephina Solakova

Islam Mohmamed Soliman, PMI-ACP, PMP

Ping Song

Mauro Sotille, PMI-RMP, PMP

Fernando Souza, MSc, PMI-ACP, PMP

Maricarmen Suarez, PMI-ACP, PMP, PgMP

Alaa Sultan

Zdenek Svecar, A-CSM, PMP

Ernie Szeto, MSc, PMP

Tetsuya Tani, CBAP, PMP

Awadalsaid Tara

Michel Thiry, PhD, PMI Fellow

Sal J. Thompson, MBA, CSM, PMP

Claudia A. Tocantins, MSc, PMP

Süleyman Tosun, PhD, ITIL, PMP

Galen Townson, EMBA, DAVSC, PMP

Syed Waqar Uddin

Sujith Muraleedharan Ullattil, CSPO, PMP, PgMP

Terunori Umezawa, PMP

Kailash D. Upadhyay

Shibu Valsalan, PMI-ACP, PMI-PBA, PMP

Tom Van Medegael, PMI-ACP, PMP

Ravi Vanukuru, BE, PMP

Mackenzie D. Varvil

Charu Vebkataraman

Rajkumar Veera

Thierry Verlynde, CPC, PMP

Tiziano Villa, PMI-ACP, DASSM, PMP

Esteban Villegas, PMI-ACP, PMP, PgMP

David Violette, MPM

Lislal Viswam, MSc, PMO-CP, PMP

Dileep Viswanathan

Harinath Vobblisetty

Thomas Walenta

Irshad Wani

Toshiyuki Watanabe

Michal Wieteska, ASEP, PMP

Brian Williamson, EdD, PgMP, PfMP

Rebecca A. Winston

Dirk Withake, PMP, PgMP, PfMP

Thomas Witterholt, PMP, PgMP

Stephan Wohlfahrt, PMI-ACP, DAVSC, PMP

Juanita M. Woods, PhD, PMP, PgMP

Te Wu

Hany I Zahran

Daniel Alfredo Zamudio López, DAC, PMP, PgMP

Stefano Mario Zanantoni

Al Zeitoun, PhD, PgMP, PMI Fellow

Eire Emilio Zimmermann

Marcin Zmigrodzki

X3.2　工作人员

特别感谢以下 PMI 员工：

Warren Duffie

Tzarmallah Haynes-Joseph, MSc

Kristin Hodgson, CAE, CSPO

Leah Huf

Christie McDevitt, APR

Josh Parrott, MBI

Kim Shinners

X3.3　《项目集管理标准》(第 5 版)中文版翻译贡献者

以下人员承担了《项目集管理标准》(第 5 版)中文版的翻译工作：

林勇　PMP、PgMP、PfMP、CBAP、CB-PMO、LAS-P、COBIT、TOGAF、CPRE、DGSP

张哩宾　PMP、PgMP、PfMP、PMI-PBA、PMI-RMP

许静　PgMP、CCNA、CEng

张智嚆　PMP、PgMP、PMI-ACP、PMI-PBA、NPDP、OPME、CSM

陈万茹　MBA、PMP、PRINCE2

全书由林勇统稿。

以下人员承担了《项目集管理标准》(第 5 版)中文版的审校工作：

朱晓星　PMP、PgMP、PfMP、PMI-ACP、CB-PMO

刘应瑾　PMP、PgMP、PfMP、PMI-ACP、PMI-PBA、PMI-RMP、PMI-SP、CAPM、PRINCE2、MSP、MOP、P3O、MOV、MOR、NPDP、Six-Sigma GB

姜鹏　PMP、PgMP、PfMP、PMI-ACP、NPDP

妮莎　PgMP、Lean Six Sigma BB

感谢以下组织和人员为《项目集管理标准》(第5版)中文版做出的贡献：
上海欣旋企业管理咨询有限公司　徐建新　PMP、PgMP、PMI-ACP
上海慧谷青藤教育科技有限公司　邱平华　ITIL Expert、ISO 20000 主任审核员、PRINCE2
东方瑞通（北京）咨询服务有限公司
北京光环国际教育科技股份有限公司
北京泛华卓越企业管理顾问有限公司
上海清晖管理咨询有限公司
宁波人才培训有限公司

参考文献

[1] Project Management Institute (PMI). (2021). *A Guide to the Project Management Body of Knowledge (PMBOK® Guide) —Seventh Edition*. PMI.

[2] Project Management Institute (PMI). (2022). *Process Groups: A Practice Guide*. PMI.

[3] Project Management Institute (PMI). (2017). *The Standard for Portfolio Management—Fourth Edition*. PMI.

[4] Project Management Institute (PMI). (2019). *The Standard for Earned Value Management*. PMI.

[5] Project Management Institute (PMI). (2017). *The Standard for Organizational Project Management (OPM)*. PMI.

[6] Project Management Institute (PMI). (2019). *The Standard for Risk Management in Portfolios, Programs, and Projects*. PMI.

[7] Project Management Institute (PMI). (2017). *PMI Lexicon of Project Management Terms.*

[8] Project Management Institute (PMI). (2016). *Governance of Portfolios, Programs, and Projects: A Practice Guide*. PMI.

[9] Project Management Institute (PMI). (2017). *The Standard for Business Analysis*. PMI.

[10] Project Management Institute (PMI). (2019). *Benefits Realization Management: A Practice Guide*. PMI.

[11] Project Management Institute (PMI). (2016). *PMI Code of Ethics and Professional Conduct.*

[12] Project Management Institute (PMI). (2013). *Managing Change in Organizations: A Practice Guide*. PMI.

[13] Project Management Institute (PMI). (2017). *Project Manager Competency Development Framework—Third Edition*. PMI.

[14] Project Management Institute (PMI). (2014). *Navigating Complexity: A Practice Guide*. PMI.

[15] Ambler, S. W., & Lines, M. (2022). *Choose Your WoW! A Disciplined Agile Approach to Optimizing Your Way of Working.* Project Management Institute (PMI).

[16] Project Management Institute (PMI). (2019). *Practice Standard for Scheduling*—Third Edition. PMI.

术语表（英文排序）

术语取舍

本词汇表包含下列术语：

- 项目集管理的独特术语（如收益管理）。
- 非项目集管理的独特术语，但与一般的日常用法相比，该术语在项目集管理中具有不同的用法或其含义更为狭隘（如收益、风险）。

本词汇表通常未包含下列术语：

- 应用或行业领域特定的术语。
- 在项目集管理中使用与日常使用没有任何本质区别的术语（如业务成果）。
- 在项目集管理中使用的术语与《PMBOK®指南》(第 7 版) 中定义的类似术语没有区别，只是这些术语现在用于项目集层面而不是项目层面（例如，项目集章程和项目章程都服务于同一目的，即批准工作开始）。

定义

本词汇表中定义的许多单词可能具有更广泛的定义，在某些情况下，还可能具有不同的定义以适应项目集管理的背景。

Benefit（收益）：作为项目集交付成果的结果，由组织和干系人实现的收获和资产。

Benefits Analysis and Planning Phase（收益分析和规划阶段）：建立项目集收益管理计划，并制定收益度量衡和框架，用于监测和控制项目集内的组件和收益测量。

Benefits Delivery Phase（收益交付阶段）：确保项目集按照收益管理计划中的定义交付预期收益。

Benefits Identification Phase（收益识别阶段）：分析有关组织和业务战略、内部和外部影响以及项目集驱动因素的可用信息，以识别和量化项目集干系人期望实现的收益。

Benefits Management（收益管理）：阐明项目集的规划收益和预期成果的过程，包括监测项目集实现这些收益和成果的能力的过程。

Benefits Management Performance Domain（收益管理绩效域）：定义、创建、最大化并交付项目集收益的绩效域。

Benefits Management Plan（收益管理计划）：定义了创建、最大化和维持项目或项目集所提供收益的过程的文档说明。

Benefits Sustainment Phase（收益维持阶段）：持续进行的项目集维护活动有时会在项目集结束后由接收组织执行，以确保继续产生项目集所带来的改进和成果。

Benefits Transition Phase（收益过渡阶段）：确保收益能够过渡至运营领域，并在过渡后得到维持的项目集活动。

Business Case（业务论证）：经济可行性研究的文档，用于确定项目集交付收益的有效性。

Collaboration Performance Domain（合作绩效域）：在内部和外部干系人之间创建并保持协同效应，以优化收益交付和收益实现的绩效域。

Component（组件）：为支持项目集而进行的相关活动。

Constraint（约束条件）：限制管理项目、项目集、项目组合或流程的选项的因素。

Critical Thinking（严谨思考）：运用观察、分析、推理、语境、反思性思维等方法来做出判断的过程。这种判断应该对其他观点（通常不会被考虑）持开放态度。

Customer Operating Organization（客户运营组织）：接受或愿意为执行组织提供的输出、成果和/或收益付费的组织。

Delivery Organization（交付组织）：执行组织及其所有分包商和附属机构统称为交付组织。

Enterprise Environmental Factors, EEFs（事业环境因素）：影响、约束或指导项目、项目集或项目组合的不受团队直接控制的条件。

Governance Framework Performance Domain（治理框架绩效域）：用于实现和执行项目集决策，建立支持项目集的实践，并维护项目集监管的绩效域。

Intangible/Nontangible Benefits（无形收益）：项目集产生的收益，但不能以货币单位来衡量。

Life Cycle Management（生命周期管理）：管理与项目集定义、项目集交付和项目集收尾相关的所有项目集活动。

Life Cycle Management Performance Domain（生命周期管理绩效域）：用于管理能够有效促进项目集定义、项目集交付和项目集收尾所需的项目集活动的绩效域。

Operating Organization（运营机构）：负责运行项目集输出并维持和优化此类输出所产生的收益实现的组织。

Performing Organization（执行组织）：其人员最直接地参与项目或项目集工作的企业。

Phase Gate（阶段关口）：在阶段末所做的评审，其评估结果决定项目或项目集应继续进入下一阶段，调整后继续还是结束。

Portfolio（项目组合）：将项目、项目集、附属项目组合和运营按照群组方式进行管理以实现组织的战略目标。见项目集和项目。

Portfolio Management（项目组合管理）：为实现战略目标而对一个或多个项目组合进行的集中化管理。见项目集管理和项目管理。

Portfolio Manager（项目组合经理）：执行组织指派的人员或小组，用于建立、平衡、监测和控制项目组合组件，以实现战略业务目标。见项目经理和项目经理。

Procurement Management Plan（采购管理计划）：项目或项目集管理计划的组成部分，描述了团队将如何从执行组织外部获得商品和服务。

Program（项目集）：以协调的方式管理相关项目、附属项目集和项目集活动，以获得单独管理它们无法获得的收益。见项目组合和项目。

Program Activities（项目集活动）：为支持项目集而进行的任务和工作，这些任务和工作贯穿于整个项目集生命周期。

Program Change Management（项目集变更管理）：在项目集进行过程中规划、监测、控制和管理变更的活动。

Program Charter（项目集章程）：发起人发布的文件，该文件授权项目集管理团队使用组织资源执行项目集，并将项目集与组织的战略目标联系起来。

Program Closure Phase（项目集收尾阶段）：退出或将项目集收益过渡至维持组织并以受控方式正式结束项目集所需的项目集活动。

Program Communications Management（项目集沟通管理）：及时、适当地生成、收集、分发、存储、检索和最终处理项目集信息所需的活动。

Program Definition Phase（项目集定义阶段）：为授权项目集并制订实现预期结果所需的项目集管理计划或路线图而进行的项目集活动。

Program Delivery Phase（项目集交付阶段）：根据项目集管理计划或路线图，为产生每个组件的预期结果而执行的项目集活动。

Program Financial Framework（项目集财务框架）：协调可用资金、确定约束条件和资金分配方式的高阶初步计划。

Program Financial Management（项目集财务管理）：与识别项目集的财务来源和资源、整合项目集组件的预算、制定项目集的总体预算以及控制项目集期间的成本有关的活动。

Program Governance Plan（项目集治理计划）：描述了用于监测、管理和支持给定项目集的体系和方法，以及特定角色在确保这些体系和方法得到及时、有效运用方面的责任的文档。项目集治理计划有时也包含在项目集管理计划中。

Program Information Management（项目集信息管理）：与如何准备、收集、组织和保护项目集信息资产有关的活动。

Program Information Management Plan（项目集信息管理计划）：项目集管理计划的组成部分，描述如何准备、收集和组织项目集的信息资产。

Program Integration Management（项目集整合管理）：为识别、定义、组合、统一和协调项目集中的多个组件而进行的项目集活动。

Program Management（项目集管理）：将知识、技能和原则应用于项目集，以实现项目集目标并获得单独管理项目集组件所无法获得的收益和控制。见项目组合管理和项目管理。

Program Management Information System（项目集管理信息系统）：用于收集、集成和传递信息（对一个或多个组织的项目集的有效管理至关重要）的工具。

Program Management Office（项目集管理办公室）：用于标准化与项目集相关的治理过程，并促进资源、方法、工具和技术共享的管理结构。

Program Management Performance Domain（项目集管理绩效域）：活动或功能相关领域的互补群组，在项目集管理工作的整个范围内，将一个绩效域中发现的活动与其他绩效域中的活动进行独特的表征和区分。

Program Management Plan（项目集管理计划）：汇总了项目集的附属计划，以及为整合和管理项目集的各个组件而建立管理控制和总体计划的文档。

Program Manager（项目集经理）：执行组织授权的负责领导一个或多个团队以实现项目集目标的人员。

Program Master Schedule（项目集主进度表）：为交付项目集收益，在逻辑上连接必要的组件、里程碑和高阶活动的进度模型的输出，有时将其称为项目集汇总主进度表。

Program Procurement Management（项目集采购管理）：应用所需的知识、技能、工具和技术来获取产品和服务，以满足整体的项目集和组成项目/组件的需要。

Program Quality Assurance（项目集质量保证）：与定期评估总体项目集质量相关的活动，以增强项目集符合相关质量政策和标准的信心。

Program Quality Control（项目集质量控制）：对特定组件或项目集可交付物和结果的监测，以确定它们是否满足质量需求并实现收益。

Program Quality Management（项目集质量管理）：执行组织的活动，这些活动决定了项目集质量政策、目标和职责，从而使项目集取得成功。

Program Resource Management（项目集资源管理）：确保所有所需资源（人员、设备、材料等）可供组件经理使用的项目集活动，使项目集的收益得以实现。

Program Risk（项目集风险）：不确定的事件或情况，如果发生，会对项目集产生积极或消极的影响。

Program Risk Management（项目集风险管理）：与积极识别、监测、分析、接受、减轻、避免或消除项目集风险有关的项目集活动。

Program Risk Register（项目集风险登记册）：记录风险、风险分析结果和风险应对规划的文件。

Program Roadmap（项目集路线图）：按照时间顺序表示项目集的预期方向，以图形方式描绘主要里程碑和决策点之间的依赖关系，并反映业务战略和项目集工作之间的联系。

Program Schedule Management（项目集进度管理）：该活动旨在确定产生项目集收益所需组件的顺序和时间，估算完成每个组件所需的时间，识别项目集执行过程中的重要里程碑，并记录每个里程碑的成果。

Program Scope Management（项目集范围管理）：定义、开发、监测、控制和核实项目集范围的活动。

Program Steering Committee（项目集指导委员会）：一组代表各种项目集相关利益的参与者，旨在通过治理实践来提供指导、背书和批准，从而支持项目集在其授权范围内运作。该委员会也可能指的是项目集治理委员会。

Project（项目）：为创造独特的产品、服务或结果而进行的临时性工作。见项目组合和项目集。

Project Management（项目管理）：将知识、技能、工具和技术应用于项目活动以满足项目需求。见项目组合管理和项目集管理。

Project Manager（项目经理）：执行组织指派的负责领导团队实现项目目标的人员。见项目组合经理和项目经理。

Quality Management Plan（质量管理计划）：项目或项目集管理计划的组成部分，描述了如何实施组织的政策、程序和指导方针以实现质量目标。见项目集管理计划。

Risk Management Plan（风险管理计划）：项目、项目集或项目组合管理计划的组成部分，描述了风险管理活动的结构和执行方式。见项目集管理计划。

Schedule Management Plan（进度管理计划）：项目或项目集管理计划的组成部分，它建立了制定、监测和控制进度的标准。见项目集管理计划。

Scope Management Plan（范围管理计划）：项目或项目集管理计划的组成部分，描述了如何定义、开发、监测、控制和验证范围。见项目集管理计划。

Sponsor（发起人）：为项目、项目集或项目组合提供资源和支持，并负责使其成功的个人或群体。见干系人。

Stakeholder（干系人）：可能影响项目、项目集或项目组合的决策、活动或结果的个人、团体或组织，以及会受或自认为会受项目、项目集或项目组合的决策、活动或结果影响的个人、团体或组织。见发起人。

Stakeholder Engagement（干系人参与）：为识别和分析干系人的需要，管理期望和沟通，以促进干系人支持而开展的活动。

Stakeholder Engagement Performance Domain（干系人参与绩效域）：识别和分析干系人的需要，管理期望和沟通，以促进干系人支持的绩效域。

Strategic Alignment（战略一致）：该活动涉及业务战略与组织的目标和任务的整合及发展，以及运营和绩效满足既定组织目标和任务的程度。

Strategic Alignment Performance Domain（战略一致绩效域）：识别项目集的输出和成果，以提供与组织目标和任务相一致的收益的绩效域。

术语表（中文排序）

采购管理计划（Procurement Management Plan）：项目或项目集管理计划的组成部分，描述了团队将如何从执行组织外部获得商品和服务。

发起人（Sponsor）：为项目、项目集或项目组合提供资源和支持，并负责使其成功的个人或群体。见干系人。

范围管理计划（Scope Management Plan）：项目或项目集管理计划的组成部分，描述了如何定义、开发、监测、控制和验证范围。见项目集管理计划。

风险管理计划（Risk Management Plan）：项目、项目集或项目组合管理计划的组成部分，描述了风险管理活动的结构和执行方式。见项目集管理计划。

干系人（Stakeholder）：可能影响项目、项目集或项目组合的决策、活动或结果的个人、团体或组织，以及会受或自认为会受项目、项目集或项目组合的决策、活动或结果影响的个人、团体或组织。见发起人。

干系人参与（Stakeholder Engagement）：为识别和分析干系人的需要，管理期望和沟通，以促进干系人支持而开展的活动。

干系人参与绩效域（Stakeholder Engagement Performance Domain）：识别和分析干系人的需要，管理期望和沟通，以促进干系人支持的绩效域。

合作绩效域（Collaboration Performance Domain）：在内部和外部干系人之间创建并保持协同效应，以优化收益交付和收益实现的绩效域。

交付组织（Delivery Organization）：执行组织及其所有分包商和附属机构统称为交付组织。

阶段关口（Phase Gate）：在阶段末所做的评审，其评估结果决定项目或项目集应继续进入下一阶段，调整后继续还是结束。

进度管理计划（Schedule Management Plan）：项目或项目集管理计划的组成部分，它建立了制定、监测和控制进度的标准。见项目集管理计划。

客户运营组织（Customer Operating Organization）：接受或愿意为执行组织提供的输出、成果和/或收益付费的组织。

生命周期管理（Life Cycle Management）：管理与项目集定义、项目集交付和项目集收尾相关的所有项目集活动。

生命周期管理绩效域（Life Cycle Management Performance Domain）：用于管理能够有效促进项目集定义、项目集交付和项目集收尾所需的项目集活动的绩效域。

事业环境因素（Enterprise Environmental Factors, EEFs）：影响、约束或指导项目、项目集或项目组合的不受团队直接控制的条件。

收益（Benefit）：作为项目集交付成果的结果，由组织和干系人实现的收获和资产。

收益分析和规划阶段（Benefits Analysis and Planning Phase）：建立项目集收益管理计划，并制定收益度量衡和框架，用于监测和控制项目集内的组件和收益测量。

收益管理（Benefits Management）：阐明项目集的规划收益和预期成果的过程，包括监测项目集实现这些收益和成果的能力的过程。

收益管理计划（Benefits Management Plan）：定义了创建、最大化和维持项目或项目集所提供收益的过程的文档说明。

收益管理绩效域（Benefits Management Performance Domain）：定义、创建、最大化并交付项目集收益的绩效域。

收益过渡阶段（Benefits Transition Phase）：确保收益能够过渡至运营领域，并在过渡后得到维持的项目集活动。

收益交付阶段（Benefits Delivery Phase）：确保项目集按照收益管理计划中的定义交付预期收益。

收益识别阶段（Benefits Identification Phase）：分析有关组织和业务战略、内部和外部影响以及项目集驱动因素的可用信息，以识别和量化项目集干系人期望实现的收益。

收益维持阶段（Benefits Sustainment Phase）：持续进行的项目集维护活动有时会在项目集结束后由接收组织执行，以确保继续产生项目集所带来的改进和成果。

无形收益（Intangible/Nontangible Benefits）：项目集产生的收益，但不能以货币单位来衡量。

项目（Project）：为创造独特的产品、服务或结果而进行的临时性工作。见项目组合和项目集。

项目管理（Project Management）：将知识、技能、工具和技术应用于项目活动以满足项目需求。见项目组合管理和项目集管理。

项目集（Program）：以协调的方式管理相关项目、附属项目集和项目集活动，以获得单独管理它们无法获得的收益。见项目组合和项目。

项目集变更管理（Program Change Management）：在项目集进行过程中规划、监测、控制和管理变更的活动。

项目集财务管理（Program Financial Management）：与识别项目集的财务来源和资源、整合项目集组件的预算、制定项目集的总体预算以及控制项目集期间的成本有关的活动。

项目集财务框架（Program Financial Framework）：协调可用资金、确定约束条件和资金分配方式的高阶初步计划。

项目集采购管理（Program Procurement Management）：应用所需的知识、技能、工具和技术来获取产品和服务，以满足整体的项目集和组成项目/组件的需要。

项目集定义阶段（Program Definition Phase）：为授权项目集并制订实现预期结果所需的项目集管理计划或路线图而进行的项目集活动。

项目集范围管理（Program Scope Management）：定义、开发、监测、控制和核实项目集范围的活动。

项目集风险（Program Risk）：不确定的事件或情况，如果发生，会对项目集产生积极或消极的影响。

项目集风险登记册（Program Risk Register）：记录风险、风险分析结果和风险应对规划的文件。

项目集风险管理（Program Risk Management）：与积极识别、监测、分析、接受、减轻、避免或消除项目集风险有关的项目集活动。

项目集沟通管理（Program Communications Management）：及时、适当地生成、收集、分发、存储、检索和最终处理项目集信息所需的活动。

项目集管理（Program Management）：将知识、技能和原则应用于项目集，以实现项目集目标并获得单独管理项目集组件所无法获得的收益和控制。见项目组合管理和项目管理。

项目集管理办公室（Program Management Office）：用于标准化与项目集相关的治理过程，并促进资源、方法、工具和技术共享的管理结构。

项目集管理计划（Program Management Plan）：汇总了项目集的附属计划，以及为整合和管理项目集的各个组件而建立管理控制和总体计划的文档。

项目集管理绩效域（Program Management Performance Domain）：活动或功能相关领域的互补群组，在项目集管理工作的整个范围内，将一个绩效域中发现的活动与其他绩效域中的活动进行独特的表征和区分。

项目集管理信息系统（Program Management Information System）：用于收集、集成和传递信息（对一个或多个组织的项目集的有效管理至关重要）的工具。

项目集活动（Program Activities）：为支持项目集而进行的任务和工作，这些任务和工作贯穿于整个项目集生命周期。

项目集交付阶段（Program Delivery Phase）：根据项目集管理计划或路线图，为产生每个组件的预期结果而执行的项目集活动。

项目集进度管理（Program Schedule Management）：该活动旨在确定产生项目集收益所需组件的顺序和时间，估算完成每个组件所需的时间，识别项目集执行过程中的重要里程碑，并记录每个里程碑的成果。

项目集经理（Program Manager）：执行组织授权的负责领导一个或多个团队以实现项目集目标的人员。

项目集路线图（Program Roadmap）：按照时间顺序表示项目集的预期方向，以图形方式描绘主要里程碑和决策点之间的依赖关系，并反映业务战略和项目集工作之间的联系。

项目集收尾阶段（Program Closure Phase）：退出或将项目集收益过渡至维持组织并以受控方式正式结束项目集所需的项目集活动。

项目集信息管理（Program Information Management）：与如何准备、收集、组织和保护项目集信息资产有关的活动。

项目集信息管理计划（Program Information Management Plan）：项目集管理计划的组成部分，描述如何准备、收集和组织项目集的信息资产。

项目集章程（Program Charter）：发起人发布的文件，该文件授权项目集管理团队使用组织资源执行项目集，并将项目集与组织的战略目标联系起来。

项目集整合管理（Program Integration Management）：为识别、定义、组合、统一和协调项目集中的多个组件而进行的项目集活动。

项目集指导委员会（Program Steering Committee）：一组代表各种项目集相关利益的参与者，旨在通过治理实践来提供指导、背书和批准，从而支持项目集在其授权范围内运作。该委员会也可能指的是项目集治理委员会。

项目集质量保证（Program Quality Assurance）：与定期评估总体项目集质量相关的活动，以增强项目集符合相关质量政策和标准的信心。

项目集质量管理（Program Quality Management）：执行组织的活动，这些活动决定了项目集质量政策、目标和职责，从而使项目集取得成功。

项目集质量控制（Program Quality Control）：对特定组件或项目集可交付物和结果的监测，以确定它们是否满足质量需求并实现收益。

项目集治理计划（Program Governance Plan）：描述了用于监测、管理和支持给定项目集的体系和方法，以及特定角色在确保这些体系和方法得到及时、有效运用方面的责任的文档。项目集治理计划有时也包含在项目集管理计划中。

项目集主进度表（Program Master Schedule）：为交付项目集收益，在逻辑上连接必要的组件、里程碑和高阶活动的进度模型的输出，有时将其称为项目集汇总主进度表。

项目集资源管理（Program Resource Management）：确保所有所需资源（人员、设备、材料等）可供组件经理使用的项目集活动，使项目集的收益得以实现。

项目经理（Project Manager）：执行组织指派的负责领导团队实现项目目标的人员。见项目组合经理和项目经理。

项目组合（Portfolio）：将项目、项目集、附属项目组合和运营按照群组方式进行管理以实现组织的战略目标。见项目集和项目。

项目组合管理（Portfolio Management）：为实现战略目标而对一个或多个项目组合进行的集中化管理。见项目集管理和项目管理。

项目组合经理（Portfolio Manager）：执行组织指派的人员或小组，用于建立、平衡、监测和控制项目组合组件，以实现战略业务目标。见项目经理和项目经理。

严谨思考（Critical Thinking）：运用观察、分析、推理、语境、反思性思维等方法来做出判断的过程。这种判断应该对其他观点（通常不会被考虑）持开放态度。

业务论证（Business Case）：经济可行性研究的文档，用于确定项目集交付收益的有效性。

约束条件（Constraint）：限制管理项目、项目集、项目组合或流程的选项的因素。

运营机构（Operating Organization）：负责运行项目集输出并维持和优化此类输出所产生的收益实现的组织。

战略一致（Strategic Alignment）：该活动涉及业务战略与组织的目标和任务的整合及发展，以及运营和绩效满足既定组织目标和任务的程度。

战略一致绩效域（Strategic Alignment Performance Domain）：识别项目集的输出和成果，以提供与组织目标和任务相一致的收益的绩效域。

执行组织（Performing Organization）：其人员最直接地参与项目或项目集工作的企业。

质量管理计划（Quality Management Plan）：项目或项目集管理计划的组成部分，描述了如何实施组织的政策、程序和指导方针以实现质量目标。见项目集管理计划。

治理框架绩效域（Governance Framework Performance Domain）：用于实现和执行项目集决策，建立支持项目集的实践，并维护项目集监管的绩效域。

组件（Component）：为支持项目集而进行的相关活动。